WONDERFUL TIMES
越古老 越美好

原來，經營的根本靠得是誠信

INTEGRITY IS ESSENTIAL TO DO AND TO LIVE

許汝紘暨編輯企劃小組——著

因為古老，所以美好

——在經典文學中借鑒先賢的品德智慧

中國文學博大精深、浩瀚無邊，無論說理、敘情都蘊含深意。我經常覺得，能看得懂文言文的現代人真的好有福氣，除了能在字裡行間覺察作者的深意、想像文學的美好、探索其中的映像之外，也能毫無障礙地和偉大的文學家們交心、溝通，知古鑑今、學習知識、發現真理。

《越古老越美好》系列叢書，是從《四庫全書》與《筆記小說大觀》中取材、編寫、評述而成的。分別歸類整理成七大主題，編輯成書。每一個主題都在對應當代社會在極速躍進與科技不斷翻新之下，人們心靈的空虛與品德遺失等課題。每一則精選出來的故事均寓意深遠，且極富趣味。對照今日社會百態，即便是過去大家都能嚴守分際的人情世故、待人接物、應對教養、品德教育等簡單的生活倫理，都在人人撻伐道德淪喪聲中，被忽視殆盡。而這些美好的品德教養卻在經典中，處處可見，隨手可得。

我認為，文學的魅力不應該受限於時代、語言、國界的束縛，而文體的表達方式，也不應該只能有一種詮釋方法。中國許多優美的經典文學作品，更不應該受限於文言文的隔閡，而讓今天的讀者望而生畏。浩瀚精彩、博大精深的中國文學作品，如果能找到更多元的入門通道，那麼成千上萬冊精彩的創作，將會是人人都喜歡的最佳讀物。

從經典中攫取生活智慧是《越古老越美好》系列叢書的編輯方針，希望讀者能在輕鬆閱讀中，看懂古人的文章內涵與深刻的寓意，領略其思想脈絡，借鑒其中的智慧，落實在現在的生活當中，借鑑學習、延伸應用。

高談文化出版集團　總編輯
許汝紘

原來，經營的根本靠得是誠信

原來，財富的基礎靠得是簡樸

帝王之簡

將相之簡

名士之簡

原來，人情的養成靠得是才情

原來，
經營的根本
靠得是誠信

帝王之信

齊桓公稱霸

齊桓公，姓姜，名小白，春秋時期齊國人，是齊襄公的弟弟，後來做了齊國的國君。在他統治期間，齊國成為春秋各諸侯國中最強大的國家，齊桓公也被後世列為春秋五霸之一。

齊襄公做太子的時候，曾經和堂弟無知發生了爭執，以致兩人大打出手，傷了兄弟間的和氣，兩人也從此結下了仇恨。無知是個睚眥必報的人，他對齊襄公耿耿於懷；後來，就找了個機會把齊襄公給殺了，自己做了國君。齊襄公的親生弟弟們怕因此而受到牽連，紛紛逃到別的國家避難。其中公子糾逃到了魯國，因為他的母親是魯國人，到魯國肯定會受到厚待，公子糾的謀士管仲跟隨他。同時，公子小白則逃到了莒國，鮑叔牙輔佐他。

一天，剛剛登上君位的無知到齊國的一個封地雍林去遊玩，因為無知曾經和雍林人結下了仇怨，所以這裡的人們很恨他，這次無知竟然來到雍林，雍林人就趁他在郊外遊玩的時候，給他一個突然襲擊，將他殺死了。然後，雍林人就告訴齊國的士大夫們說：「無知是個犯上作亂的小人，他殺了襄公自立為王，這是要遭到天誅的。我們替天行道，將他給殺死了。請你們在諸位公子中再找一位賢德的人，重新立為王吧！」

士大夫高�從小就與公子小白關係很好，無知死後，高傒等人就祕密的將這個消息告訴給了小白，讓他儘快回國繼承王位。與此同時，魯國的國君也聽說了無知被殺的消息，他就趕快派人送公子糾回國。同時，還派管仲帶兵在莒國至齊國的必經之路上設下了埋伏，攔截公子小白，讓他不能先期回國。當公子小白一行人來到管仲等人埋伏的地點時，管仲一箭射去，正好射中小白身上的衣帶鉤。小白急中生智，馬上跌落馬下，閉上雙眼裝死。跟隨小白的人也都停下腳步，放聲號哭。由於管仲距離小白一行人較遠，不知道小白在使詐，以為他真的死了，於是就立刻派人去稟報公子糾說公子小白已經死了。公子糾聽到這個消息，頓時輕鬆了許多，於是就放慢了前進的速度，一路悠閒的往齊國方向走。與此同時，公子小白則快馬加鞭，繞路而行。六天以後，他率先趕到齊國，順利的當上了國君，也就是齊桓公。

齊桓公繼位後的第一件事情，就是派人去抵禦護送公子糾的魯國軍隊。公子糾沒有辦法，只好又逃回魯國。但齊桓公寫信給魯國國君，說：「公子糾是我的同胞兄弟，我不忍心殺他，但是他為了與我爭奪王位，竟然派人殺我，與我為敵，請您把他殺了吧。而他的謀臣召忽、管仲則是我的仇人，請您把他們遣送回齊國，我要親自把他們剁成肉醬！如果您不同意，我就派人攻打您的都城！」魯國國君沒有辦法，只好按照齊桓公的意思辦。召忽聽到這個消息，心想與其被剁成肉醬，還不如自殺，還能留個全屍，於是便刎頸而死。管仲則束手就擒，被送回了齊國。

齊桓公的確想殺死管仲，以報那一箭之仇。但是，他的大臣鮑叔牙對他說：「我三生有幸，得以追隨您左右，如今您已經登上王位，而我再也沒有能力幫助您成就更大的霸業了。您要想把齊國治理好，有我和高傒就可以了。但是我知道您的志向遠大，您要在諸侯中稱霸，那麼就非用管仲不可啊。管仲被哪個國家重用，哪個國家就能強盛，他是個不可多得的奇才啊！您一定要爭取他為齊國所用啊！」於是，齊桓公決定不殺管仲，並重用他。

管仲與鮑叔牙是多年的好友，他深知鮑叔牙一定會向齊桓公推薦自己，所以才敢束手就擒。管仲的囚車還沒有到齊國的都城，鮑叔牙就去迎接管仲，讓士兵給他去了枷鎖、腳鐐。到了都城後，鮑叔牙又安排他沐浴更衣，並以好酒好菜招待他。第二天，齊桓公以隆重的儀式拜管仲為大夫，請他主持國政。

在此之後，魯國又派大將軍曹沫三次領軍攻打齊國，但是每次都是大敗而歸，被齊國奪去了大片的領土。魯莊王害怕齊國乘勝追擊，把魯國的都城也給占領了，於是就打算與齊國求和，並獻出遂邑這個地方。齊桓公答應了魯莊王的請求，兩國決定在柯地舉行簽約儀式。可是兩國國君把盟約剛剛簽完，曹沫就衝上前去，用匕首抵住了齊桓公的脖子。並威嚇說：「誰也不要上前，否則我就殺了他。」齊國的謀士和將官們都害怕齊桓公有什麼不測，不敢上前，只好問：「你想幹什麼？」曹沫激動的說：「齊國強大、魯國弱小，這是事實。但是齊國侵占魯國的領土也太多了，以至於齊國的邊境已經延伸到了魯國的城牆下。魯國的城牆一倒塌，就會壓著齊國的領土。請你們考慮一下吧！」言下之意就是，你們把侵占魯國的土地都還給魯國，否則就對你們國君不利。

齊桓公被曹沫脅持，刀子架在自己脖子上，他知道如果不答應曹沫的要求，自己肯定活不成，於是就急忙對曹沫說：「好好好，我答應你把侵占魯國的土地都還給你們。」此話一出，曹沫果然放下了手中匕首，放開齊桓公，將他推到齊國臣子的行列中。

齊桓公對此惱羞成怒，脫險後就想違背信約。這時，管仲對他說：「您這樣做不妥。人家劫持您是不想和您訂立盟約，您事先沒有料到這件事，這說明您並不聰明；您面臨危險，不得不聽從人家的威脅，這說明您不是十分勇敢；您答應了人家，卻又不想兌現承諾，這說明您不講信用。作為一國的國君，您既不勇敢，又不聰明，現在您又想不講信用，失去了這三點，還會有誰會真心服您呢？而如果您如約還給魯國土地，這樣世人就會給您誠信的美名，這比起魯國的土地要有價值得多啊。」齊桓公聽了，覺得管仲說得很有道理，就如約把侵占魯國的土地還給了魯國。

諸侯們聽說了齊桓公信守諾言的這件事情，都覺得齊桓公是個值得信賴的人，因而都紛紛依附齊國。兩年以後，諸侯接受齊桓公的邀請，到甄地聚會，他們心悅誠服的請齊桓公主持大會。從此，齊桓公成為諸侯公認的霸主，開始號令天下，創設了「九合諸侯，一匡天下」的輝煌業績。

觸類旁通

「人而無信，不知其可也。」作為一國之君，是否守信，不僅關係其個人的威望和功業，也關係到國家的形象和興衰。所以說，很多時候，你的所作所為，並不僅僅代表你自己，而是代表你所處的集體。對於你個人的不受信，在別人看來其實就是你的集體不守信，要想維護集體的利益，就必須儘量完善自己。故事中，齊桓公聽從管仲的勸諫，信守諾言，歸還了魯國的土地，贏得了各國諸侯的信賴，這不能不說是他成為春秋五霸之首的重要原因。

【原來如此講典故】

人而無信，不知其可也

【解釋】一個人假如不能信實，不知道還能做些什麼。

【出處】論語．為政：「人而無信，不知其可也。大車無輗，小車無軏，其何以行之哉？」

魏文侯冒雨期獵

魏文侯，名斯，戰國時期魏國的創立者。有一次，魏文侯與掌管山澤園圃和田獵的官員虞人約定，將於某一天一同去附近的一個山上打獵，兩人說好不見不散。

這一天到了，幾個大臣在宮裡陪著魏文侯，一邊飲酒，一邊欣賞歌舞。文侯很高興，大臣們看到文候高興，自然也很愉快。正在這個時候，突然下起雨來。文侯也突然想起來，今天是他與虞人約好打獵的日子。於是，他就命令下人趕快為他準備馬和弓箭，準備去打獵。

左右的官員們都非常不解，問道：「主公，剛才我們一起喝酒、欣賞歌舞，大家都很高興，何不繼續呢？更何況現在下起雨來，您這要去哪裡啊？」文侯說：「剛才我忽然想起來，今天是我和虞人約好去打獵的日子，我不能違約啊！雖然剛才我們在一起喝酒、欣賞歌舞，也很快樂，但是既然我和人家約好了，而且說定不見不散，那麼我就一定要去的。」大臣們都勸他說：「主公，現在下雨了，您不去的話，虞人不會有什麼意見的。更何況您是主，他是臣子，主人做什麼都是對的，臣子不能給主人挑毛病。您還是不要去了。」

魏文侯不肯，仍舊讓下人們趕快準備馬匹、弓箭，自己到內堂換上了打獵的行裝，準備出發。大臣們還想說什麼，可是魏文侯一句都不聽，堅持去履約打獵。此時，虞人正在他和魏文侯約定的地點等候，看到突然下起雨來，他想，文侯肯定不會來了，下這麼大的雨，萬一淋病了怎麼辦，他想等等看，文侯不來自己也回去吧。可是就在這時，他聽到遠處有馬蹄的聲音，接著就看到文侯騎著馬向自己跑來。虞人感動得熱淚盈眶，趕忙上前給文侯行禮，對他說：「主公，下雨了，您不必來赴約啊！」文侯卻說：「我和你約好的，即使下再大的雨我也得來啊，否則就是不講信用啊！」說著就拍拍馬屁股，往樹林中打獵去了。

觸類旁通

與別人做個簡單的約定，只不過是張張口的事情，十分簡單，但是真正做到守信就不那麼簡單了，只有真正的誠信之人，才能夠在任何條件下都不爽約。守信踐約是誠信的具體要求和表現，魏文侯作為一國之君，什麼事情全憑他一個人說了算，可是他並不倚仗自己的權力而隨便失信於臣子，即使大雨如注也堅決赴約，這就是真正的誠信之人。

曹操不違生死約

建安三年，曹操率兵東征呂布，攻克彭城，包圍下邳。呂布為爭取主動，多次帶兵出城衝殺，都被曹操的軍隊打敗。幾個回合下來，呂布的銳氣盡失，只好據城固守，再也不敢出門迎戰了。

下邳城防守堅固，一時不易攻下。曹操於是改變了策略，給呂布寫了一封信，講明利害關係，示意要他投降。呂布看了信，打算投降，而陳宮等人自從在兗州背叛曹操投奔呂布以來，一直與曹操為敵，知道曹操不會容納自己，因而竭力反對投降。

無奈之下，陳宮想出一個據敵之計，就對呂布說：「曹操遠來，軍糧補給肯定會有困難，其攻勢不可能維持很久。將軍可帶一部分兵力到城外駐紮，我帶其餘的兵力在城內防守，這樣，如果敵人進攻將軍，我就可以從背後去進攻敵人；如果敵人來攻城，將軍又可以從城外接應。不出十天，敵軍糧草不足，我們就乘機進攻，必定可以大勝。」

呂布準備採納陳宮的意見，可是就在這時，呂布的妻子出來阻撓，對呂布說：「陳宮、高順素來不和，將軍一走，他們兩人肯定不會同心共守，萬一有個差錯，將軍自己如何立足呢？更何況過去曹操待陳宮就像對待親骨肉一樣，他還要離開曹操投奔我們。而現在將軍待他並不比曹操待他好，你卻要把城池和妻兒都交給他，自己孤軍遠出，如果萬一發生變故，我還能再做將軍的妻子嗎？」呂布聽了妻子的話，覺得有道理，猶豫了一陣，終於改變了主意。

曹操因為下邳久攻不下，士卒疲勞，不由得動了撤軍的念頭。荀攸、郭嘉勸阻說：「呂布勇而無謀，現在屢戰屢敗，銳氣已經喪失。三軍以將為主，主衰則軍必無鬥志。陳宮雖然有智謀，但腦子來得慢。現在，我們應該趁呂布元氣還沒有恢復過來，陳宮的計策也還沒有使出來的時候，加緊進攻，呂布是不難打敗的。」

曹操聽了，覺得很有道理，於是激勵士氣，繼續攻城，並根據荀攸、郭嘉的建議，採取了新的攻城步驟。呂布又堅持了一個多月，越來越感到難以支持，於是登上城樓，向曹軍士兵說：「你們不要再圍城了，我去向明公自首。」陳宮站在一旁，氣得高聲喊道：「逆賊曹操，算什麼明公？現在就去投降他，就好比以卵擊石，哪能保全性命！」

這時，呂布態度動搖，部下陳宮、高順決心與曹操對抗到底，其餘的也都彼此猜疑，上下離心，鬥志喪失。部將侯成又因為是死是活，挨了呂布的罵而生氣，於是同宋憲、魏續一起，乘陳宮、高順不備，將他兩人捆綁起來，押著出城投降了曹操。

呂布帶著部分將士退守下邳南門的城樓白門樓。城外圍攻甚急，呂布見大勢已去，讓左右把自己的頭割下來獻給曹操，左右不忍，於是便自己走下城樓，開城投降，束手就擒。曹操召集文武官員來到白門樓上，當眾處置呂布。呂布被押到城樓後，為了活命，與曹操周旋一陣。當曹操聽了劉備之言，殺呂布的決心已定，就再也不理呂布了，而轉過頭去問陳宮道：「公臺平常自以為智謀過人，今天怎麼也弄到這個地步了？」

陳宮用眼睛瞪著呂布說：「只因為他不聽我的話，以致弄到如今的地步。如果他能按照我的想法去做，是不會被你活捉的。」曹操又笑著問：「你看今天這事該怎麼辦呢？」陳宮平靜的回答說：「我作為人臣卻不忠，作為人子卻不孝，理應奔赴刑場。」

曹操惋惜道：「你死了，你老母親怎麼辦呢？」陳宮長長的歎了口氣，說：「我聽說打算以孝治天下的人，是不會害死他人的父母的。我老母親是死是活，只能由你來決定，已經不是我所能決定的了！」曹操又問：「那麼，你的妻子、兒女怎麼辦呢？」陳宮回答說：「我聽說打算施仁政的人，是不會加害別人的妻子兒女、殺絕別人的後代的。我的妻子和孩子是死是活，同樣也只能由你來決定。」

曹操聽了，不再說話了。過了一會兒，陳宮要求說：「請把我拉出去處死，以彰明軍法！」說完，自己就往外走，軍士怎麼攔也攔不住。曹操見了，無計可施，只是流著眼淚在後面送行，陳宮這時卻連頭也不回一下。曹操遂下令，將呂布、高順等一同拉出去處死。

曹操殺死陳宮、呂布之後，將其首級送到許都示眾，然後將其埋葬。他沒有忘記陳宮臨終時說的話，特地將他的老母親迎來奉養，直到去世。其女兒長大後，又為她操辦婚事。曹操對其家人的關心、照顧，比當初陳宮在世時還要周到。

觸類旁通

人無信不立，己能守信，人始信之；如其無信，人必不信。無論身居何位，哪怕是一國之君、一軍之帥，都必須堅守誠信為根本。曹操雖然是個多疑，甚至可以說是個殘忍的人，但是他也有他值得稱讚的一面。故事中，曹操能夠善待陳宮的家人，就反映了他守信的一面。其實，陳宮死後，曹操完全可以不必履行自己的諾言，反正陳宮死了也不會知道，但是曹操還是沒有這樣做，這說明曹操是個守信的人。

作為一國之主，能夠守信，對於這個國家來說是非常重要的。國君守信，大臣就會效忠國君，國家的法律、法規就會順利的實施。所以，提醒那些處在領導地位的人們，要守信，只有如此，你才能樹立自己的威信，為屬下做出榜樣。

曹操不忘橋公約

橋玄，字公祖，東漢梁國睢陽人。歷任縣功曹、國相、司徒、尚書等職務。光和元年，升任太尉。他以剛毅果斷著稱於世，當時被人們稱為名臣。

曹操年少的時候，機警過人，行事怪異，不愛治家業，終日飛鷹走馬，叔父和親戚們都說他將來肯定不會有出息，是個敗家子，而他本人則不以為然，認為自己將來一定會成就一番大事業。

有一天，曹操聽說有個叫橋玄的人，是孝廉出身，見識不凡，善於觀察和品評人物，只要能夠與他談一次話，他就能推斷那個人將來的榮枯成敗。曹操也很想知道自己未來的人生，所以就特意來到橋家，說明了自己的來意，請求橋公品評。

橋玄透過觀察分析曹操的舉止和談話，不由得詫異的說：「現在天下即將大亂，不是經邦濟世的人才是不能使天下安定下來的。我見過的天下名士很多，但是卻沒有一個能與你媲美。將來你一定能夠成為一個安邦定國的大人物！」

曹操聽了他的話，喜形於色，因為橋玄說出了他自己的心裡話，也因為世上終於有人能夠瞭解他的心思，他非常感激橋玄，就把這位老前輩當作知己。橋玄也確實想幫助曹操，覺得曹操當時還沒有什麼名氣，就又勸告他去結交許劭。

當曹操拜別橋玄時，橋玄既認真又半開玩笑的說：「我比你大二十九歲，相見的日子不多了。你以後經過我的墓前，可別忘記用斗酒隻雞祭祀我啊！不然的話，你肚子作痛可別抱怨我啊！」曹操喜逢知己，愉快的答應了。

轉眼之間，三十年過去了，官至太尉的橋玄已經去世多年了，而曹操也在官渡大戰中打敗了袁紹，初步統一了北方。建安七年，曹操駐軍譙縣，特意派人到浚儀附近的橋玄墓前，用牛豬羊三牲的大祀禮祭祀，並親筆寫了祭文，即〈祀故太尉橋玄文〉。

曹操的這篇祭文表明，他一直在追念著與橋玄生前的會見，並恪守自己的約誓。於是，後人遂用「橋公語」、「橋公約」比喻朋友間生前的舊情，用「斗酒隻雞」、「隻雞斗酒」指獻物或祭品的微薄。

觸類旁通

說話算數，說到做到，有約在先，必踐約在後，這是「信」的要義所在。曹操拜見橋玄後，一直在追念著他，並恪守自己的誓約，待橋玄死後，用斗酒和隻雞來祭祀橋玄。從這樣一件小事，我們就可以看出曹操守信的一面。

很多時候，我們往往會因為朋友的離開或者遠行，而忘記了對朋友的諾言，或者不認真履行對朋友的諾言，這些都不是正人君子的所為。既然說了，就一定要做到，無論發生什麼情況，都要做到。一個人的誠信不是做給別人看的，而是切實的自覺。

將相之信

董狐書法不隱

董狐，春秋時期晉國的史官。春秋時期晉國有位臭名昭著的昏君，就是晉靈公。他在位的時候，不但搜刮民財，增加苛捐雜稅，還時常在城樓上，用彈弓射街上來往的行人以取樂。有一次，他的廚師為他燉熊掌，因為沒有燉爛，他一怒之下竟然把廚師給殺了。

晉國有個大臣叫趙盾，看到晉靈公這樣的殘忍昏庸，擔心晉國將來會毀在他手裡，於是就勸他不要再這樣。可是晉靈公不但不聽，反而對趙盾耿耿於懷，心裡算計著一定要殺了趙盾，除掉這個讓他不高興的人。一天，晉靈公請趙盾喝酒。其實他是想趁此將他殺了，他早就安排十幾個士兵埋伏在屋子周圍，一旦晉靈公發出命令，這些人就會一起出來，殺了趙盾。晉靈公和趙盾喝酒，當兩人喝到酒足飯飽之後，晉靈公就大喝一聲，要士兵們出來，一起圍攻趙盾。幸虧趙盾武藝高強，又得到一個他曾經周濟過的人的幫助，才逃了出來。

後來，趙盾的一個族弟找了個機會把晉靈公給殺了，為趙盾報了仇。並且立了新的國君，重新把在外逃難的趙盾接了回來，官復原職。

那時候，君主再昏庸也是不能殺的，作為臣子的殺害君王是不忠不義的表現；無論如何，誰也不想承擔殺君弒主的罪名。於是，趙盾就想看一看，史官是如何記載這件事情的。

一天下午，趙盾來到當時負責編寫晉國國史的太史官董狐那裡。他看了記錄那段歷史的竹簡後，很生氣的對董狐說：「晉靈公死的時候我並不在朝中，怎麼能說是我殺的呢？你這樣胡亂給我安插罪名，不是汙蔑朝廷命官嗎？你這是要被殺頭的！」

董狐不慌不忙地說：「您是正卿，逃亡卻不出國境，回朝後又不討伐國家的亂臣，您說在這件事情上，您是不是主謀呢？」

趙盾一聽，覺得這件事的確因己而起，但他還是說：「還是修改一下吧，改了對大家都好。您看如何？」董狐則嚴肅的說：「作為一個史官，最重要的就是實事求是，黑就是黑，白就是白，來不得半點虛假，否則就是對後代人的欺騙。作為史官，我的職責就是記錄真實的歷史，讓我為了個人私利改寫歷史，是無論如何也做不到的。」趙盾聽到這裡，臉色變得異常難看，真想殺了董狐！可是，董狐卻面不改色，接著說：「作為一個史官，丟了腦袋對我而言是件小事，丟掉了作為一個史官應有的節操可是大事。」趙盾聽了董狐的話，雖然心中還是有氣，但是覺得他說的也有道理，被他的這種誠實的品德感動，也就沒有再說什麼，而且此後也沒有再難為董狐。

觸類旁通

所謂的誠信，也就是誠實守信，首要的一點就是誠實，一是一，二是二，不能自欺，也不能欺人。正如董狐所言，作為一個史官，最重要的就是誠信，黑就是黑，白就是白，來不得半點虛假，否則就是對後代人的欺騙。

董狐寧願放棄官位、丟掉腦袋，也不願丟掉作為一個史官應有的節操，的確令人肅然起敬。正是因為有了董狐這樣寧死也要尊重事實的史官，我們才得以對歷史的事實進行考查和研究。

石奢以身殉法

春秋時期，楚國有個大臣名叫石奢。一天，石奢奉命巡視全國。臨行前，楚昭王對他說：「這幾年你忙於國事，都沒有回家鄉省親。這次，你可以順路回去看看，與家人小聚幾天。」石奢聽了楚昭王的話，心裡很高興。其實，石奢很想回家看看，家鄉的一草一木、一山一水，都讓他感到親切，每次在夢中他都會夢到家鄉的人和事。尤其是過年過節的時候，就更加思念家鄉的親人。只是他在朝中公務繁忙，再加上家鄉位於偏僻的山野之地，路途遙遠，交通不便，回一次家，很不容易。

這一次，楚昭王主動提出讓他回家探親，石奢自然是十分的感激和興奮。離開都城後，石奢嚴格按照楚昭王的旨意，認真地巡視。巡視完畢後，石奢讓隨從們先回都城，自己則踏上了回鄉的小路。

眼看就要到了自己日思夜想、魂牽夢繞的家鄉了，忽然聽到不遠處的樹林裡傳來吵架和呼救的聲音。石奢便急忙奔了過去，他看到一個人正舉著刀，向另外一個人砍去。說時遲，那時快，石奢一個箭步衝上前去，緊緊的抓住了那個殺人的兇犯。可就在這個時候，他一下子驚嚇住了——那個手拿兇器要殺人的不是別人，正是自己的父親！石奢牢牢的抓住他父親的領口，非常氣憤的說：「父親，您怎麼能隨便殺人呢？這可是犯死罪的啊！」石奢的父親一看是自己在朝中為官的兒子回來了，頓時鬆了口氣，接著說道：「這件事情只有天知、地知，你知、我知，只要你不對外人說，就不會有人知道。如果你還是我的兒子，那你就放我走。」

石奢的內心矛盾極了，多年來對父母的思念與維護國法公正的信念不斷在內心衝突，他真是痛苦極了。不知不覺中，他的手漸漸放鬆了。於是，他的父親就趁機逃走了。此時的石奢，再也沒有剛才那種濃烈的思鄉之情了，父親的作為讓他難以平靜。他掉轉馬頭，日夜兼程的返回了都城，並把路上遇見自己父親殺人和自己放走父親的事情，一五一十的稟告給楚昭王。他說：「殺人的兇犯是我的父親，如果我把他抓住並判他死刑，是違背孝道的，所以我不忍心這麼做；但是，我把父親放走了，我就是縱容了殺人犯，這是有罪的。我作為大臣，知法犯法，是應該判處死刑的。請求大王將我處死吧。」

楚昭王是個十分愛惜人才的君主，他覺得石奢年輕有為，廉潔公正、辦事得力，實在是國家的棟樑。如今出了這樣一件事，如果按照法律，把石奢處死了，真是可惜啊！於是，他想了想說：「在這件事情上，你並沒有責任，因為並不是你故意放走殺人犯的，而是你父親自己趁機逃走的。我看這件事情就不要再追究了，你就安心的料理政事吧。」可是，石奢卻說：「大王，您的恩典我非常感激。但是對我來說，不偏袒自己的父親，就不是孝子；不按國家的法律辦事，就不是忠臣。我做了孝子，卻違背了國法。因此，即使大王赦免了我，我當臣子的也有責任維護國家法律的尊嚴。」說完，他就向楚昭王拜謝，離開王宮。可是，他剛走出宮門，就立刻拔出寶劍，自刎而死。楚昭王和大臣們看了，驚歎不已，都為楚國失去這樣一個奉公守法的好官而感到惋惜。

觸類旁通

古人認為，信是統治者、執政者有效治理國家、維護統治的根本保證，厲行法制，堅持有法必依、執法必嚴、違法必究，是最高的誠信。

石奢發現自己的父親行兇殺人，並使得父親得以逃脫，這件事雖然只有天知、地知，但是他卻如實向國君做了報告，說明他是誠信之人；而他婉拒赦免選擇自刎，說明他又是守信之人。石奢以死維護了國家法律的尊嚴，維護了人們對法律的信任。

樊於期捨生守信

樊於期，戰國時期秦國人，是秦國的大臣。他生活期間，秦國的國君正是後來的秦始皇嬴政。大家都知道「奇貨可居」的故事，當年嬴政的父親異人，是秦國的皇子，年輕的時候被派往趙國做人質。趙國當時有個富商叫呂不韋，雖然他很富有，甚至比許多王侯還要富有。但是，當時商人被人們看作最沒有地位的，人們往往稱商人為「奸商」。

呂不韋是個野心很大的人，錢財對他來說已經不能滿足他內心的要求了，他要改變自己目前低微的社會地位。因此，他看到了秦國的異人，雖然貴為皇子，但是因為在趙國做人質，所以生活很簡單，住著最一般的房子，吃著最普通的飯菜，出門還坐著破舊的車子。呂不韋覺得異人將來很可能成為秦國的國君，所以他要幫助異人。於是，他就給異人送來了金銀珠寶，送來了錦衣玉食，更重要的是，他還把自己已經懷有身孕的愛妾送給了異人。他要讓自己的兒子將來能夠繼承秦國的王位，而那時自己就成了太上皇，地位自然就貴不可言了。

後來，在呂不韋的幫助之下，異人回到了秦國，做了秦國的國君，立嬴政為太子，封呂不韋為丞相。

異人死後，嬴政即位當了國君，可是他發現自己並非是異人的親生兒子，他的生父是呂不韋。按照當時的規定，嬴政不是皇室的子孫，不是真龍天子，是不能繼承王位的，而且這還犯了欺君的大罪，是要被處死的。嬴政為了保住自己的王位，保守這個祕密，就找藉口把所有知道這件事情的人都給殺了。最後僅存的只有大臣樊於期。樊於期知道嬴政肯定會殺他，於是就跑到了燕國去避難，住在他的朋友荊軻家裡。

樊於期是個以大局為重的人，他知道如果自己把這個祕密說出去，那麼會引起秦國的動亂，為了爭奪這個王位，不知道有多少人已經丟了性命。於是，他決心保守這個祕密，儘管嬴政一再派人追殺他。後來，嬴政逼燕國交出樊於期的人頭，不然的話就派兵攻打燕國。燕國當時的實力比秦國弱，如果打仗的話，肯定會吃虧。樊於期知道這件事情後，就主動找到荊軻，要獻出自己的人頭，以免因為自己而使燕國陷入戰爭。他在荊軻面前拔刀自刎，在死前他對荊軻說：「將來您見到秦王，告訴他，大後宮的祕密我對誰也沒有說。」

秦王嬴政也是個野心很大的人，他想統一華夏，因而對燕國發動戰爭是遲早的事，要燕國交出樊於期的人頭，只不過是個藉口罷了。為了阻止秦國發動戰爭，燕國太子丹決定以送樊於期的人頭為藉口，派人刺殺嬴政。這個任務就交給了荊軻。

荊軻刺殺秦王失敗，被嬴政用劍刺穿了胸膛，在臨死的時候，他鼓足全身的力氣對嬴政說：「樊於期讓我告訴您，大後宮的祕密他對誰也沒說。」接著，又斷斷續續的說：「想不到秦國是這麼不講信用的國家，竟然還有樊於期這樣捨生守信的人！」說完，就嚥氣了。秦王聽了之後，非常震驚，後悔當初不應該迫害樊於期這樣一個真正的正人君子。

觸類旁通

信是一個人立身處世的根本，人能守信才能立足於社會。同時，守信也應該有一定的原則，不能無原則的守信。故事中的樊於期就是以大局為重，捨生取信，真的是難能可貴。

樊於期寧肯選擇自刎，也要保守住了嬴政的祕密，並且託付給他的朋友荊軻，這就是真正的誠信所為。而荊軻也堅守了承諾，將樊於期所說的話轉告給了不講誠信的嬴政，為誠信獻出了自己的生命。雖然樊於期和荊軻最終的結局非常悲壯，但是他們的誠信所為是非常值得我們學習和景仰的。

【原來如此講典故】

奇貨可居

【解釋】珍異的貨品，可以收藏聚集起來，等候高價出售。

【出處】史記・卷八十五・呂不韋傳：「子楚，秦諸庶孽孫，質於諸侯，車乘進用不饒，居處困，不得意。呂不韋賈邯鄲，見而憐之，曰：『此奇貨可居。』」後來比喻仗持某種專長或有利用價值的東西作為資本以謀利。

韓信千金報飯恩

韓信，淮陰人，漢初著名將軍。他從小喜歡讀兵書，有著滿腹的學識，總是想著能披甲上陣，在戰場上建立自己的功業，當個大將軍。可是在他年輕的時候，沒有人賞識他的才華，因而他總是鬱鬱不得志。

那時候，韓信很窮，日子過得很清苦。為了餬口，他經常到江邊釣魚，如果運氣好的話，一天能釣上幾條魚，這樣不但能夠解決自己的肚子問題，還能換幾個錢補貼日子。可是，釣魚也不是一件容易的事情，並不是天天都能釣到魚的，如果釣不到，他就只能餓肚子了。

有一天，韓信又到江邊去釣魚，眼看著已經晌午了，而自己卻連一條魚都沒有釣上來。韓信又餓又累，沒有辦法，就在那裡坐著，望著自己的魚竿發呆。江邊有一個洗衣服的老大娘，看到韓信一個人坐在江邊發呆，垂頭喪氣的，就十分關心的走過來，問道：「年輕人，你怎麼了，有什麼不開心的事情嗎？」韓信抬起頭，見是一位和藹可親的老大娘，就如實告訴她說：「大娘，我家裡沒有吃的了，想到這裡釣幾條魚換錢買吃的，可是我釣了一上午了，也沒有釣到一條魚，我現在餓得不行了。」

老大娘聽了，不由得心中生起憐憫之心，就對他說：「年輕人，如果你不嫌棄，就到我家先吃點東西，填填肚子吧。」韓信當時餓得快要發瘋了，哪裡還管什麼好壞，只要有吃的就成。因而，他非常高興的收起魚竿，和大娘一同回家吃飯去了。

韓信和老大娘一邊走，一邊說話。老大娘從韓信的口中瞭解到韓信的家世和自己的抱負，從心裡喜歡這個雖然生活貧困，但是卻很有理想的年輕人。從此以後，老大娘經常送給韓信一些飯菜以接濟他。韓信對此感激不已。

一天，老大娘又給韓信送來一些飯菜，韓信很感動，對老大娘說：「大娘，您對我真好，總是接濟我。等以後我做了大事，一定要好好報答您老人家！」老大娘聽後，卻生氣了，說：「你以為我是為了讓你報答我才幫助你的嗎？你錯了，我看你是個堂堂大丈夫卻不能養活自己，因為同情你我才幫助你的。」韓信聽了老大娘的話，默默的吃著飯，心裡卻不停的泛起了波瀾。不久，韓信就告別了老大娘，離開了家鄉，出外去闖蕩了。

很多年過去了，韓信成了劉邦軍中有名的將軍，幫助劉邦打天下，建立了漢朝。劉邦封他做了楚王，他也獲得了很高的聲望。但是，在他心中一直惦記著那位曾經接濟過他的老大娘。於是，韓信就派人打聽老大娘的近況，得知老大娘仍舊在家鄉過著清貧的日子，韓信就派人給她送去各種物品，讓老大娘不再過那種勞碌貧困的生活。而且，他還特意回家鄉看望老大娘，並給老大娘送去了一千兩黃金。

老大娘說：「你不要把這些黃金給我。一來，我已經老了，活不了多少天了，要這麼多錢也沒有用，將來我也不能把它們帶到棺材裡；二來，我也沒有為你做過什麼大不了的事，哪能要你這麼多錢呢？」韓信懇切的說：「當年我肚子餓的時候，您給我的雖然是粗茶淡飯，但對我來說這幫助是很可貴的。更何況您那時生活也很艱難，即使在這種情況下，您還是來幫助我。現在我有地位、有錢了，理應報答您。而且當年我也說過，等我以後做了大事，一定要好好的報答您！」老大娘感動得熱淚盈眶。韓信接著說：「我知道，當年您並不是為了要我報恩才幫助我的。也正是因為如此，我才更感到您是真心對我好，所以我就更該好好的感謝您、報答您啊！」

觸類旁通

俗話說：「滴水之恩，當湧泉相報。」自古，中華民族就有濟困、報恩的傳統美德。韓信在困頓的時候得到那位老大娘的接濟，度過了生命中最難熬的時光，韓信深受感動，並聲稱將來一定要報答她老人家，這自然是常理。韓信做了大將軍，幫助劉邦打了天下後，仍舊沒有忘記當年對那位老大娘的承諾，這就是踐諾，這是守信的表現啊。

自己許過的諾言，無論過了多長時間，都應該記得，也許你的不經意間的一句諾言，對你來說早已忘記，但是對別人來說卻銘刻在心。所以說，許出的諾言就一定要兑現，不要輕許諾言。

張良納履獲兵書

張良，字子房，漢初劉邦的重要謀士，被封為留侯。張良從小就是個尊敬長者、信守約定的好孩子。有一天，張良打柴回來的路上，路過一座小橋時，看到一位身穿粗布短衣的老人走到張良跟前，故意把穿在腳上的草鞋丟到了橋下，並且看著張良說：「小子，去把鞋給我撿回來。」

張良愣了一下，心想：明明是這個老人家故意把鞋丟到橋下的。可是轉念一想，老人家年紀大了，我就幫他吧。於是，他放下手中的柴擔，到橋下取回鞋子遞給老人。老人坐在橋頭，眼皮也不抬一下，就說：「給我穿上！」於是，張良就跪在地上，把鞋子給老人穿上，然後老人笑呵呵的離開了。

張良非常不解的望著老人的身影。誰知，那個老人走了幾步，又轉過身來，對張良招招手，示意張良到他那裡去。張良乖乖的走向前去，老頭和藹的對他說：「我看你這娃子很不錯，值得教導。五天以後，天一亮，你就來這裡和我見面。」張良聽老人誇自己，還說要教自己，當然非常高興，他給老人家行了禮說：「是！」

五天後，天剛剛亮，張良就來到了橋上。誰知，那個老人已經坐在橋上等著張良了。老人很生氣的說：「現在天已經亮了，年輕人這麼不守信用，和長輩相約還遲到，長大後還能有什麼作為呢？五天以後，雞叫的時候，再來見我。」說完，轉身就走了。

過了五天，雞剛叫，張良就去了，老人又已經先到那裡了。老人十分生氣的說：「我已經聽見三遍雞叫了，你怎麼才來？五天以後，再早一點來見我！」

又過了五天，張良半夜就從床上爬起來，到橋頭去等著那個老人。不一會兒，老人也來了，他高高興興的說：「年輕人，你要成就大事業，就要信守約定，說什麼時候到，就什麼時候到。」

接著，老人又從懷裡掏出一本又薄又破的書，說：「讀了這本書，就可以成為皇上的老師。這話會在以後應驗。」說完，老頭就離開了，以後再也沒有出現過。天亮的時候，張良看清老人送的那本書，原來是本《太公兵法》又叫《黃石兵法》。張良非常珍惜這本書，認真的研讀，從中學到了很多知識。並且，他時刻遵守老人的教誨，嚴格要求自己，立志永遠做一個信守諾言的人，這樣才能讓別人信任自己，從而成就一番大事。

果真，張良後來成了漢高祖劉邦的重要謀士。在楚漢戰爭期間，他提出了不立六國後代，聯結英布、彭越，重用韓信等策略，又主張追擊項羽，殲滅楚軍，都為劉邦所採納，從而幫助劉邦完成了統一大業。

觸類旁通

張良為老者納履，是尊重老人的表現；老者幾次「捉弄」張良，其實是在考驗他。最終張良通過了老人的考驗，老者報之以兵書和教誨——「年輕人要成大事，就要信守約定」。

現代社會，許多年輕人多了幾分輕狂和世故，而少了幾分成熟和誠信。其實，無論在什麼時代，踏踏實實做人，老老實實做事，誠實為本，才是一個人取得成功的關鍵。通向成功的路上沒有捷徑可尋，這是亙古不變的真理。

季布一諾千金

季布，秦朝末年楚國人，此人性情耿直，樂於助人，最可貴的是他特別的講信用。凡是他許諾過別人的事情，無論如何他都會想方設法辦到，兌現承諾，從不食言，哪怕是赴湯蹈火，也在所不辭。當時，楚地流傳著這樣一種說法：「得黃金百斤，不如得季布一諾。」意思是說，如果能夠得到季布的一句應諾，比得到什麼都寶貴。

楚漢戰爭時，季布和他的舅舅丁公都是楚軍將領。季布驍勇善戰，曾多次奉西楚霸王項羽的命令圍困漢軍，迫使漢王劉邦一退再退，險些丟了性命。及至項羽烏江自刎之後，其舅舅丁公歸順了劉邦，季布不願意投降，不得不落荒而逃。

劉邦在楚漢戰爭中獲得勝利，建立了漢王朝，當上了皇帝，即漢高祖。劉邦對季布恨之入骨，於是發出詔令，一定要捉住季布，並以黃金千兩作為賞金。詔令中還寫道：「誰要是膽敢窩藏季布，不但本人要格殺勿論，還要罪及三族，滿門抄斬。」季布只得東躲西藏，四處逃命。

俗話說：「善有善報，惡有惡報。」季布生平取信於人，做了那麼多俠義的事情，在他危難的時候，當然會有人救他。一天，季布躲到了濮陽一個姓周的人家。周氏知道他是季布，就非常誠懇的對他說：「漢朝捉拿將軍，馬上就要搜到我家了。不是我不願意幫助將軍，實在是迫不得已，不便讓您在我家躲藏啊。將軍如果願意聽我一句勸告，我就給您獻上一計，如果您不願意聽，我情願先自殺，以報答將軍對我的恩德。」

季布沒有別的辦法，只好答應周氏。周氏便讓季布剃掉頭髮，帶上頸圈，穿上粗布衣服，打扮成一個奴隸的樣子。然後把他放到裝有柳條的車中，送到原來的魯國，改名換姓，賣給了一個叫朱家的義士。

朱家知道這個人就是季布，有心要保護他，買下他後便讓他去管理田園，並不讓他做苦重的活計。同時，還囑咐兒子說：「田園的事情就讓他做主，吃飯的時候他要和我們同桌，不能把他當作奴隸看待。他曾經有恩於我，你要好好的待他！」然後，自己則採辦了許多禮物，駕車趕到洛陽，去見汝陰侯滕公。

朱家和滕公早就相識，兩人好久不見，當然有很多話說。兩個人喝了幾天的酒，在席間，朱家問滕公說：「季布犯了什麼罪，陛下這麼急於抓他？」滕公說：「季布曾經幫助項羽圍困陛下，害得陛下差點喪了性命。所以陛下非常惱恨他，恨不得將他碎屍萬段。」朱家又問：「您知道季布是個什麼樣的人嗎？」滕公回答說：「這個我當然知道了。天下人都知道，季布是個有名的誠信之士，而且是個不可多得的人才呢！」朱家見滕公這樣說，就趁機給季布說情，於是連忙說：「是啊，作為臣子，當然要為自己的主子效力。季布當年是項羽的臣下，圍困陛下那也是為主效力，並沒有什麼錯啊。難道做過項羽的下屬，就一定要殺嗎？現在漢朝剛剛建立，陛下正是需要用人之際，卻偏偏因為個人恩怨而殺了這樣一位有才德的人，豈不是很可惜嗎？這樣不但顯得陛下小肚雞腸，而且對於季布這樣一位難得的人才，如果你把他逼急了，他投靠了胡人，或者投奔南越人，那麼這豈不是對漢朝形成很大的威脅嗎？您何不找個機會，把這些道理奏明陛下呢？」

滕公聽朱家這麼說，就明白季布很可能藏在朱家的家裡。他其實也很讚賞季布的為人和學識，如果季布真的能為漢王朝效力，那麼大漢天下真的可以穩固了。於是，他就答應了朱家的請求。

過了不久，滕公藉故去面見漢高祖劉邦，並對他說：「皇上剛得天下不久，正是用人之際，然而您卻因為個人恩怨下令捉拿季布，這恐怕不是什麼高明的做法。況且，季布是個俠義之士，國人都知道『得黃金百斤，不如得季布一諾』，因而天下的人都很敬重他，受過季布恩惠的人、季布的朋友們都願意以死保護他。如今皇上追捕得緊，說不定他已經逃到北匈奴或者南越那裡了。如果將來他投到敵國那裡再來和您作對，那您不是更頭疼？皇上何不赦免季布，使天下人都知道皇上珍愛賢才？」

滕公的一番話，說得漢高祖劉邦不住的點頭稱是。於是，他下令特赦季布，並下詔召回季布，封季布為郎中，為朝廷效力。

觸類旁通

季布生平言而有信，從不食言，做了很多俠義的事情，對他俠義誠信的品行，人們莫不稱讚。所以，季布的俠義和誠信，也換來了人們在危難之際對他的幫助。我們應該學習季布，做一個重承諾、講信用的人。

一個講誠信的人，一定會得到好報，就像故事中的季布一樣。俗話說：好人有好報，你對社會、對別人付出，就一定會有回報。當然，我們做什麼事情，並不是想要得到什麼回報，但是只要你有一顆善良的心，你就會獲得快樂的人生。

【原來如此講典故】

一諾千金

【解釋】形容承諾信用高，一旦許諾別人，必定做到。

【出處】史記・季布傳：「曹丘至，即揖季布曰：『楚人諺曰：得黃金百，不如得季布一諾』，足下何以得此聲於梁楚間哉？」

宋弘不棄糟糠妻

宋弘，東漢大臣，光武帝時期，曾任太中大夫、大司空等職務，並受封為郇邑侯。宋弘早年娶妻，但卻一直沒有子嗣。在古代，有「不孝有三，無後為大」的觀念，因而親戚朋友們都勸宋弘：「你已經到了中年了，可是還是沒有個兒子，這後嗣的問題不解決，就斷了祖宗的香火，將來你如何對祖宗交代？還是趁早娶個二房，早點繼承香火吧！」

宋弘卻一臉嚴肅的說：「我的妻子從小就和我在一起，她寧可自己受苦受累，也要讓我安心讀書上進。作為一個男人是不該喜新厭舊的，否則，為君者必殆於政事，為臣者將難於守職。我處世光明磊落，絕對不會做忘恩負義的事情。如果上天註定我今生沒有子嗣，那我也不會怪罪誰，只能怪我自己！」

當時，光武帝劉秀的姐姐湖陽公主剛剛守了寡。她還很年輕，很想再找個丈夫。光武帝就試探著問她：「在我朝文武百官中，您覺得哪一個比較好呢？」湖陽公主毫不避諱的說：「大司空宋弘才貌出眾、人品高尚，在群臣中，是個出類拔萃的人物。」言下之意，光武帝當然十分清楚——姐姐願意嫁給宋弘。

其實，光武帝也很賞識宋弘，如果宋弘能夠和姐姐結合，那麼皇家又多了一個人才。於是，光武帝就想從中撮合，給他們做媒。有一天，光武帝把宋弘召進宮來，並讓湖陽公主坐在屏風後面觀察動靜。

當宋弘坐定後，光武帝就開口說：「俗話說，地位高了換朋友，錢財多了換老婆。這合乎不合乎人情呢？在我朝中，像您這樣還守著一個老婆過的大人已經不多了，難道您就不想換個妻子嗎？」宋弘不假思索的說：「我覺得，作為一個誠實守信的正派人，在處理個人生活問題的時候，應該是『貧賤之交不可忘，糟糠之妻不下堂』，同過甘苦、共過患難的人是應該始終相守在一起的。有錢有勢後就喜新厭舊，那是勢力小人的所為，我是看不起這些人的。」

宋弘已經把話說到這個地步，光武帝也就不好再張口提湖陽公主的事情了。宋弘走後，光武帝對湖陽公主說：「宋弘的話，您都聽見了，看來他是不會棄妻另娶了。姐姐還是另做考慮吧。」湖陽公主點點頭，情不自禁的讚歎說：「我沒有看錯，宋弘是個真君子啊！」

觸類旁通

夫妻之間、父子之間、母子之間，其實也存在著誠信的問題。男女之間，一旦締結了婚約，成為夫妻，也就等於相互做出了承諾——攜手而行，同甘共苦，共同創造美好生活。故事中，雖然宋弘的妻子不能生育，但是宋弘並不因此而休掉妻子，而是認為「貧賤之交不可忘，糟糠之妻不下堂」。同甘共苦、共過患難的人應該始終相守在一起，這也是一種守信。

周舉彈劾恩人

周舉，東漢大臣。漢順帝時，歷任并州刺史、冀州刺史、尚書等職務。有一天，在金鑾殿上，順帝下令，要每位大臣都要舉薦剛毅猛進、富於謀略、能勝任將帥的人才。順帝的話音剛落，擔任司隸校尉的左雄就立即上前，舉薦曾任冀州刺史的馮直。尚書周舉一聽，立即表示反對。於是，兩人在朝廷之上當面爭執起來，場面非常尷尬。

滿朝文武對此議論紛紛，很多人說周舉忘恩負義，以怨報德。因為當年左雄擔任尚書時，曾極力舉薦周舉，所以周舉才有今天；也有人說周舉秉公辦事，不阿諛奉承。因為左雄舉薦馮直確實不妥，馮直曾經因為貪汙受賄而受到朝廷的責罰。兩派各執己見，爭論不休。順帝一怒之下，宣佈退朝，大家不歡而散。

當晚，周舉寫了一份奏摺，懇請順帝彈劾左雄，因為他作為朝廷命官，保舉人才不當，將受過懲處的貪汙犯舉薦為將帥。順帝看了奏章後，雖然同意周舉的觀點，但是卻對周舉彈劾恩人的做法非常不滿，認為他忘恩負義，不懂得仁義道德。

周舉彈劾恩人的事情很快就傳開了。朝中文武百官，只要對周舉有過恩情的，都非常氣憤。他們說：「唉，如果當初知道他是這樣的人，肯定不會幫他，這種卑鄙小人，哼！今天左雄被彈劾，說不定明天就要彈劾我們了！」

左雄聽說周舉彈劾自己，更是氣得要命，大罵自己當年瞎了眼睛，養虎遺患。就在這時，馮直的父親登門拜訪。他告訴左雄：周舉此次彈劾左大人只是一個開頭，後頭還有更大的陰謀——結黨營私，獨霸朝政。左雄將信將疑，馮父說：「不信，您去查一查，周舉這幾天正在四處遊說，拜訪各位大臣。」

左雄聽了馮父的話，便派下屬去打探，發現周舉果然在四處遊說，拜訪各位大臣。左雄怒氣沖天，心想：周舉怎麼就墮落到這個地步了。盛怒之下，他立即寫奏章給順帝，將自己的所見所聞和周舉結黨營私的罪行一一列出。

左雄的奏章剛剛送出，周舉就登門拜訪。左雄對他非常冷淡，但周舉卻異常鎮定的說：「您是最後一位，也是最難說服的一位。」左雄莫名其妙。周舉開門見山的說：「我知道我這次上書彈劾您，您可能會覺得不合情理。您當初對我有大恩，我不該忘恩負義！」左雄心裡一怔，但仍舊不理不睬。

周舉在左雄身邊坐下，給他講了一個故事：戰國時期，趙國的趙盾起用韓厥擔任司馬，但是韓厥卻在上任的第一天，就把趙盾一個犯了法的僕人給處決了。這件事傳開後，很多人為趙盾鳴不平，認為韓厥忘恩負義。但趙盾卻不這麼認為，他對同僚們說：「韓厥不是忘恩負義，而是在報恩。我所以舉薦他，是因為我相信他會恪守職責，不負我望。現在他果然是一個好司馬，他用自己的剛正不阿報答了我的舉薦之恩！」

周舉接著說：「您也是因為我有才幹才舉薦我的，所以我絕不敢盲目阿附您，使您蒙羞。但想不到，您的見解卻和趙盾不一樣。」

左雄被周舉的一番話深深打動了。面露愧色，直向周舉賠不是，同時又告訴周舉：自己曾是馮直父親的部下，又和馮直是好朋友，所以才舉薦他，自己確實有私心。面對左雄的坦誠，兩人冰釋前嫌。

後來，左雄病重，順帝前去探望，問他有什麼心願，左雄誠懇的說：「周舉誠實耿直、清廉忠心、正直無私，是個不可多得的人才，可以委以重任！」他把當年自己的錯誤行為和盤托出，懇請皇帝原諒。順帝終於明白了其中的原委，回宮後立即召見周舉，並委以重任。

觸類旁通

誠實耿直、公正無私、光明磊落，這是一種可貴的品格和高尚的情操。周舉正直坦誠，無私無畏，不惜背負「忘恩負義，以德報怨」的?名，上奏皇帝，彈劾當年舉薦自己的恩人，確實達到了一種正直無私的道德境界。值得慶幸的是，這種坦誠雖然遭到了一時的誤解，但最終還是得以消除。周舉也終因誠實耿直、公正無私而被委以重任，這也證明了一個道理——誠信者終成事。

保持自己的誠實本性，不要管別人說什麼，只要堅定自己的做法是正確的，就遲早會得到人們的認可。

孔僖上書自訟

孔僖，字仲和，東漢時期魯國人，曾任蘭臺令史。漢章帝時期，孔僖與涿郡人崔哲同在太學讀書。有一次，他們兩人在一起談論孝武皇帝（即漢武帝），說孝武皇帝劉徹開始做天子的時候，尊崇信仰聖人的治道，五、六年間，聲譽超過了漢文帝劉恒、漢景帝劉啟，後來他放任自己，忘了自己以前的優點。

不料這些話被隔壁一個叫梁郁的學生聽到了，他把孔僖和崔哲的這些話上書給皇帝，說他們誹謗先皇，譏諷當今皇上。漢章帝知道這件事情後，很是生氣，就派人去查辦這件事情。崔哲去見官接受審問，孔僖則上書皇帝為自己辯護。

孔僖寫道：「一般所謂誹謗，就是說實際沒有這事而憑空汙蔑他人。至於像孝武皇帝，他政績好壞，明確的記載在漢史上，清楚的如同明月。我們的那種談論，是直說史書上的事實，不是憑空誹謗。當皇帝的，做好事、做壞事，天下人沒有不知道的，這都是有來由的，所以是不能夠責備別人的。

「再說，陛下您做皇帝以來，政教方面沒有什麼過失，對人民有恩惠，這是天下人都知道的事情，小臣我們需要譏諷什麼呢？假使我們批評的是實際情況，那麼您本就應該改正。倘若我們說的不妥當，您也應該寬容，又有什麼罪呢？

「陛下您不推尋根本大計，自己做個深遠的打算，竟縱容個人憎惡來大快自己的心意。我們被殺，死就死吧，不足為惜；可是天下的人一定會轉移視線，改變想法，從我們這件事中，窺測到陛下您的心思。從今以後，假如見到什麼不對的事情，再也沒有人敢去說了。

「陛下應該聽說過，春秋時代，齊桓公俘獲了管仲，聽說他有治國之才，便盛情款待。談話間，齊桓公指出襄公在世的時候，築高臺、好狩獵、貪女色、侮賢士，國政搞得很糟糕，問以後該怎麼辦。管仲就接著提出了一套治國的辦法。此後，齊桓公就按照管仲提出的辦法來治理國家，群臣也都能夠為國盡心盡力。現在陛下您居然打算為距今十代之遠的武帝隱晦事實，難道不是跟齊桓公的做法相反嗎？

「這一次，恐怕會被主管官員一下子給定成罪狀，我被屈喊冤，不能自己申訴；假使後代評論者據此擅自將陛下您比作什麼樣的君主，又怎麼可以再讓您的子孫皇帝來掩蓋事實呢？我小心謹慎的來到皇宮門前，恭敬的等待您的處罰。」章帝看了孔僖的奏摺後，立刻下令不許再追究這件事，並命孔僖為蘭臺令史。

觸類旁通

誠是真實不欺的品格，孔僖與同學談論孝武皇帝，直說史書上的事實，並沒有憑虛誹謗。遭到誣陷後，孔僖上書皇帝，為自己辯護，陳述了事實，講明了利害，這是誠的表現。

很多時候，人們為了取悅於人，往往會違背自己的誠的品格，而說一些令對方高興的話，做一些令對方高興的事，其實這是「助紂為虐」，不但不利於對方的成長，而且對自己也不利。實事求是的做人處世，這才是做人的根本。

太史慈應約來還

太史慈，青州人，三國時期吳國的名將。一次，他在神亭戰敗，被孫權的兄長孫策俘獲了。孫策以前就聽說過太史慈的大名，於是就立即為他鬆綁，並以禮相待，還向他詢問下一步進軍的策略。

太史慈見孫策如此厚待自己，倒覺得有點不好意思，只是一味的說：「我乃敗軍之將，不配共論大事。」孫策則說：「從前，韓信定計於廣武君李左車，現在，我想請教將軍，您又何必推辭呢？」太史慈見孫策如此誠懇，就說：「州軍剛被打敗，士卒離心，如果分散了，就很難再聚攏起來。考慮到這種情況，想請您採取佈施仁惠的措施加以安撫，又恐怕不符合您的心意。」孫策聽了太史慈的話，長跪施禮回答說：「這實在是我內心所希望的。明天中午，希望您再回到這裡來。」

諸將都很懷疑，認為這樣讓太史慈走了，他明天肯定不會再來了，紛紛埋怨孫策不該這麼就放他走了。可是孫策卻說：「太史慈，乃青州名士，以信用和道義為立身處世的根本，他一定不會欺騙我的。他說明天會來，就一定不會失約。」

第二天，孫策下令大擺筵席，宴請了各路將領，擺設美酒佳餚，立竿見影。正午十分，太史慈果然到了。孫策非常高興，後來常常與他一起商議軍事。

觸類旁通

誠實守信是為人處世之本，不僅能助人贏得朋友、成就事業，有的時候甚至能使人化險為夷，轉危為安。就像故事中的太史慈一樣。本來孫策俘獲了太史慈，按理來說他完全可以殺了太史慈或者將他下入大牢，但是孫策愛惜太史慈的才華，放了太史慈，並邀他第二天再見。這是因為孫策知道，太史慈是個以信用和道義為立身處世的首要原則的人，他說道就會做到。所以說，是太史慈的誠信救了他的命。一個誠信的人，一定會贏得別人的尊重和愛戴，即使是敵人也會敬佩你。所以說，誠信會為你帶來無窮的益處。

名士之信

季札掛劍踐諾言

春秋時期，吳國國君壽夢膝下有四個兒子，在吳王的這四個兒子中，以小兒子季札最為聰明。因此，吳王很喜歡他，並希望將來把王位傳給他。

但季札聽說父王打算把王位傳給自己後，並沒有表現出一絲的興奮，反而堅決不肯接受。他對吳王說：「父王，您還是把王位傳給大哥吧。您與其把王位傳給我，不如讓我為吳國四處拜訪鄰國，這樣，對吳國更好啊。」吳王聽到兒子這樣為大局著想，不禁拍拍他的肩膀說：「嗯，你真的是我的好兒子啊！這樣把，我現在就賜予你一把代表吳國的寶劍，讓你代表吳國出訪。」

這樣，季札就遵從父王的命令，出使各諸侯國。他第一站來到了徐國，受到徐國國君的熱情款待。季札和徐國國君很談得來，於是很快就成了無話不談的好朋友。季札在徐國國君的盛情邀請下，在徐國多待了幾天。

一天，徐王正在與季札促膝長談，說話間，季札忽然發現徐王有點分神，他的視線總是時不時的落在自己佩戴的寶劍上，眼神中透出幾許欣賞、幾許愛慕。季札看在眼裡，記在心中。幾天後，季札就要離開徐國了，徐王為他設宴送行。筵席上，不但有美酒佳餚，還有優美動聽的音樂，季札為這一切美好的東西陶醉。當酒喝到盡興的時候，季札起身，抽出佩劍，一邊唱歌一邊舞劍，以助酒興，也表示對徐王盛情款待的感謝。

季札的這把劍可不是一般的劍，它的劍鞘精美大方，上面雕刻著蛟龍戲珠的圖案，鑲嵌著上等的寶石，在燈光照耀下顯得尤其漂亮。這劍的劍鋒犀利，是用上好的鋼製成的，看起來寒光閃閃，令人不寒而慄，揮舞起來更是銀光萬道，威力無窮。徐王禁不住連聲稱好。季札早就看出徐王喜歡這把寶劍，於是就打算把這寶劍送給徐王以做紀念。但是，這把劍是父王賜給他的，是他作為吳國使節的一個信物，他到各諸侯國去必須帶著它，才能被各諸侯國接待。現在自己的任務還沒完成，怎麼能把它送給別人呢？

俗話說：「君子不奪人之愛。」徐王心裡明白季札的苦衷，儘管十分喜歡這寶劍，但是也沒有說出口要季札送給自己。季札也知道徐王是個正人君子，是絕不會提出這樣的要求的。這樣一來，季札就更欣賞徐王這個朋友了。臨分手的時候，徐王又送給季札很多禮物以做紀念，季札對徐王的熱情和體諒深深感動，於是在心中許下諾言：等我出使各國歸來，一定要把這寶劍送給徐王。

幾個月後，季札完成使命，踏上了回國的旅程。剛到徐國，他不顧旅途勞累，直接去拜見徐王。然而，出乎意料的是，徐王已於不久前去世，季札痛苦萬分。他懷著悲痛的心情來到徐王墓前，跪在地上，深情的對徐王的墓說：「徐王，自從上次分別後，我一直盼著早些與您重逢。我知道您很喜歡我這把寶劍，每天我都仔細的把它擦拭一遍，想著再見面的時候，親手把它送給您。現在，我的任務已經完成了，不想您卻先走了。我來晚了……」說著，就嗚嗚的哭了起來。哭了一會兒，他把寶劍從腰間摘了下來，雙手捧到徐王墓前，然後鄭重的把劍掛在徐王墓前的松樹上。

跟隨季札的隨從們見到這情景，都說：「既然徐王已經不在人世了，您把寶劍掛在他墓前他也不會知道，您這樣做還有什麼用處呢？再說，您當初也沒說要把這寶劍送給徐王啊！」

季札擦擦淚水，嚴肅的說：「在離開徐國之前，我就在心裡許下諾言，等我出訪任務完成後，我就把寶劍送給徐王。君子要講信用。如今，徐王雖然去世了，但是我還是要履行我的諾言！」

大家被季札的誠信感動了，默默的站在徐王的墓前，心中無限感慨。

觸類旁通

雖然逝者長已矣，雖然並不曾當眾許下諾言要贈送寶劍，但即使是在心中自己許下的諾言，季札仍然堅守，沒有絲毫馬虎。他履行諾言的誠意感動了所有的人，這樣就更加樹立了自己的威信。

誠貴在於心，信貴在於行。口頭說出的是承諾，心裡默許的也是承諾；兌現說出的諾言是守信，踐行默許的承諾更是守信。

曾子立信殺豬

曾子，名參，字子輿，春秋末期魯國人，是孔子的得意門生。他博學多才，誠實守信，因此人們都尊稱他為曾子。

有一天，曾子的兒子正在和小夥伴們玩耍，其中一個孩子耍賴，說話不算數，結果孩子們鬧得不歡而散。曾子的兒子就把這件事情告訴了父親，曾子教育孩子說：「小孩子說話應該算數，要說到做到。做不到的時候千萬不能輕易答應，不然，別人會以為你說謊，不講信用。」兒子聽了父親的話，點點頭。

第二天上午，曾子的妻子要到集市上買東西。曾子的兒子哭鬧著要和母親一起去。那個時候去趟集市，對於孩子們來說是一件非常興奮的事情，因為集市上有他們喜歡的糖果，更重要的是他們可以趁此到外面看看這花花世界。曾妻勸兒子說：「乖孩子，娘到集市上要買好多東西，那裡的人太多，路又遠，娘一個人帶著你實在不方便，你老老實實的在家待著和小朋友們玩吧！」可是兒子就是不肯撒手，依舊拉著母親的衣服，哭哭啼啼的。正在屋裡讀書的曾子聽到兒子的哭聲，連忙出來幫助妻子勸兒子。說要給孩子講故事，或者去野外捉蝴蝶。孩子哭著說：「爹爹的故事都聽膩了，蝴蝶也不稀罕。」曾子也沒辦法，只好勸老婆帶孩子去。可是老婆仍舊不肯同意，孩子哭得更傷心了。

眼看日頭就要到中午了，再不出發，今天就趕不回來了。正當妻子無計可施的時候，她突然看到了豬圈裡的豬正樂呵呵地吃食呢。她想兒子最愛吃紅燒肉了，於是就對兒子說：「乖乖兒，只要你安心在家，等我趕集回來，我把咱家的豬殺了，給你做紅燒肉。」孩子一聽讓人流口水的紅燒肉，頓時來了精神。自己才吃過一次，而且還是那麼小小的一塊，今天母親要殺了一頭豬做那麼多紅燒肉，心裡不禁樂開了花，也不哭了、不鬧了，高興的放母親走了。

太陽快落山的時候，曾妻從集市上買完東西回來了。只見家裡養的那頭小豬已經被捆了起來，在那裡大聲的號叫。曾子正在磨刀，準備殺豬。兒子也站在父親的身邊，高興的手舞足蹈。兒子看到母親回來了，就蹦蹦跳跳的迎上去說：「爹爹要給我殺豬了，我要吃肉了。」曾妻見此情景，急得大聲尖叫了一聲，趕緊過來阻止。她氣沖沖的質問曾子：「你瘋了，今天既不是過年，又不是過節，也沒有貴客臨門，你殺豬幹什麼？」曾子反問說：「你臨走的時候，不是對兒子說只要他不哭，晚上就給他殺豬做紅燒肉嗎？」曾妻這才想起來上午哄騙兒子的話，忙說：「我那是騙他，怎麼你也當真了？」孩子聽到母親這樣說，小嘴一撇，眼淚嘩嘩地流下來。

這時，曾子語重心長的對妻子說：「你要知道，孩子是哄騙不得的。兒子年幼，什麼都不懂，只會學父母的樣子，相信父母的話。父母的一言一行，都會在兒子的腦海裡打下深深的烙印。因此，做父母的一定要言而有信，說話算數，怎麼能哄騙他呢？俗話說：『有其父必有其子。』如果父母不誠實，孩子就會撒謊；如果父母不守信用，孩子便會經常騙人。難道你願意讓我們的兒子養成說話不誠實，經常騙人的壞習慣嗎？你現在想想，這豬到底該不該殺？」

曾妻覺得曾子的話有道理。她當然想兒子成為一個「言必信，行必果」，有著高尚情操的人。於是，她就挽起袖子，幫助曾子把豬給殺了，晚上兒子高高興興的吃了一頓紅燒肉。

觸類旁通

曾子的家裡並不富有，一頭小豬可以說是家裡很重要的財富，可是為了兑現對兒子許下的諾言，曾子不惜磨刀殺豬，而且藉此機會和妻子講解誠信對教育孩子的重要性，最後終於讓妻子心悅誠服。

誠信是做人立身之根本，也是人際交往中的一個重要原則，其基本要求就是誠實守信，要做到言必信，行必果。父母是孩子最好的老師，有什麼樣的父母就有什麼樣的孩子，曾子殺豬立信以教育孩子，非常值得稱道。

【原來如此講典故】

言必信，行必果

【解釋】講話有信用，做事堅決果斷。

【出處】論語・子路：「子貢問曰：『何如斯可謂之士矣？』……曰：『言必信，行必果，硜硜然小人哉！抑亦可以為次矣。』」

陳君賢教子不昧金

東漢明帝年間，廬州府的陳家村住著陳君賢一家人。有一天，陳君賢十二歲的小兒子陳爵和好朋友陳挺在湖邊玩耍。他們玩累了，陳挺就對陳爵說：「我帶著釣魚竿呢，咱們去釣魚吧。如果釣到大魚，今晚讓你爹給咱們燒著吃！」

陳爵這個孩子比較倔強，就說：「不用你幫我釣，我自己來釣！可是我沒有帶魚竿，你等著我，我這就回家拿去！」說完，飛快地跑回家拿魚竿去了。不一會兒，陳爵氣喘吁吁的回來了，忙問陳挺：「你釣到魚沒有？」陳挺說：「你看，我釣到好幾條了，又肥又大。你趕快過來吧，到我這邊來釣，這邊魚多！」

陳爵卻說：「誰挨著你啊！挨著你，釣到了不就搶了你的福氣！我自己找地方去。」說著，就跑到離陳挺大約四十公尺的地方去下鉤。陳爵正聚精會神的等著魚兒上鉤。忽然，看到湖邊的水中，隱約好像有一個黃色的杯子。這時，陳爵就想把它撈出來看個究竟。於是，他就用一塊大石頭壓住魚竿，然後脫下鞋子，挽起褲管，下到水裡撈。他發現，這杯子又重又滑，還有半截埋在土裡。

陳挺在那邊看到了，就大聲的喊叫：「喂，陳爵，你不好好的釣魚，下到水裡幹什麼呢？撈魚啊！」陳爵聽到陳挺的喊聲，就說：「快來幫忙啊！這裡有個大杯子，沉著呢！」陳挺跑過來一看，水裡果然有個黃色的大杯子，而且旁邊還有一個盤子呢。於是就趕忙下去幫陳爵打撈。

他倆撈起了杯子和盤子，正要上岸，不料手一滑，杯子和盤子又掉進水裡了。水被攪混了，什麼也看不見了。陳爵和陳挺站在水裡，一動也不動。等水澄清了，他們再也沒有看到杯子和盤子，卻又看到水底鋪著一層五銖錢，少說也有好幾百枚，金燦燦的很招人喜歡。

於是，他倆不再釣魚了，都彎下腰去摸那五銖錢。他們撿啊、摸啊……然後，他們兩人雙手各捧著一捧五銖錢，高高興興的回家了。

陳爵一回到家，就對爹爹說：「爹，我撿到錢啦！」說完，就把那些五銖錢拿給陳君賢看。陳君賢一看，吃驚的問兒子：「你是從哪裡弄來的這些東西？這可是黃金啊！」陳爵就把剛才的經過原原本本的和爹爹說了一遍。陳君賢忙說：「快帶我去看看！」

父子倆跑到湖邊一看，發現水中還有很多金器，就又下水去撈。不一會兒，陳挺也帶著他的家人來了；鄰居們聽說湖裡有黃金，也都跑來了。大夥兒在水中撈啊、撈啊，一共撈出了十幾斤。一下子撈出這麼多金子，該怎麼辦呢？陳君賢先把兒子叫到跟前，問道：「兒子，你可知道這湖是公家的，還是咱們自家的？」兒子說：「那還用問嗎？當然是公家的！」陳君賢接著又問：「既然湖是公家的，那麼，在湖裡撈到的金子是該給官府呢，還是應該自家藏起來呢？」陳爵想了一下，很懂事的說：「不應該自家藏起來，應該交給官府。」

陳君賢高興的說：「你真是個懂事的好孩子，是我的好兒子。做人就該誠誠實實，再好、再貴重的東西，是自家的就是自家的，不是自家的就不能要。咱可不能為了這些黃金而忘掉了比黃金還重要的做人的道理啊！」

接著，陳君賢又說服了陳挺及其家人和各位鄉親，把從湖裡撈出的金子全部交給了官府。當地官府又把這件事情稟報給上級官府。最後，連漢明帝也知道了。漢明帝知道了陳君賢和陳家村村民拾金不昧的事跡後，非常高興，特別下了一道詔書，表彰並且獎勵了他們。

觸類旁通

做人就應該誠實，再好、再貴重的東西，是自己的就是自己的，不是自己的就不能要，這是比黃金還重要的做人的道理。

就是這樣一個簡單的道理，也許每個人都懂得，但是要真正做到這一點，恐怕不是那麼容易的事情。面對金錢和利益，人們往往就失去了誠實的本性，從而陷入了錯誤的深淵。在當今世界，人們往往更多的看到的是金錢和利益，而喪失了做人的根本，這實在是人們的悲哀。所以，大力宣傳誠信教育，培養人們的誠信意識，是目前社會最為重要的事情。

韓康賣藥不二價

韓康，字伯休，一名恬休，東漢京兆霸陵人，為東漢名醫。韓康生性淡泊，不愛出風頭，醫術高明且誠實不欺。他經常上山採藥，並在長安的大街旁擺個小攤子，出售各種藥品。

韓康賣藥實行明碼標價，每種藥材上都標明了價格，而且還在自己的藥攤子旁邊掛上了塊布，上面寫著「不二價」三個大字。

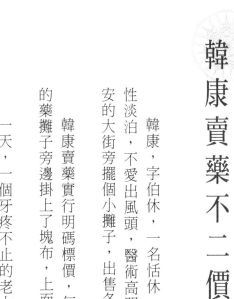

一天，一個牙疼不止的老太婆前來買藥。韓康雖然已經寫明了「牙疼藥一個錢兩包」，然而，平常就愛精打細算、占小便宜的老太婆，還是忍不住在已經標明「不二價」的藥攤前與韓康討價還價：「一個錢賣給我三包藥好吧！」

只見韓康擺了擺手，嚴肅認真的說：「做生意，靠的是『信用』。所以，我從不虛報價格占人家的便宜，也從不接受客人的砍價。我的藥，全是貨真價實的，絕對童叟無欺！」

老太婆見韓康的口氣這麼堅決，知道再講也不會有什麼好結果，就悻悻的拿著一錢的牙疼藥走了。

日復一日，韓康的這個藥攤「不二價」的消息就漸漸傳開了。城裡的居民經過仔細打聽，才知道這個擺藥攤的人，原來就是赫赫有名的韓康啊！

韓康的誠實，先前在城中是出了名的。如今，大家既然知道了這個擺藥攤賣藥的人就是韓康，於是大家一有什麼病就到藥攤來買藥。而且，再也沒有人試圖和他講價錢了。

觸類旁通

這個故事表明：只要做個誠實守信的人，無論身在何處，總能贏得最多的矚目。服膺於真實的誠信之道，將會擁有難以抗拒的魅力，從而能為自己實實在在的聚攏人氣、創造聲譽。因此，眾多商家總是以「貨真價實、童叟無欺」作為標榜，以獲得顧客對自己的信任。

光說還不是最重要的，重要的是要真正做到，只有如此，才能為自己做最便宜的廣告，迎來更多的顧客。這是商人應該最重視的一點。做人也是如此，只要你是個誠實守信的人，大家就會發現你的高尚品德，給你最高的尊重。

閻敞誠信無私

東漢時期，有一對好朋友，一個叫閻敞，一個叫第五常。兩人來往密切，交情深厚。特別是閻敞，為人端正，誠信無私，深得第五常敬佩。

一天，第五常到閻敞家裡做客，說到自己即將到京城任職，路途遙遠，且限日到京，行程匆忙，錢物攜帶很不方便，想在閻敞這裡寄存一百三十萬貫錢，等安頓好了再來取。閻敞非常愉快的答應了，還說：「我一定會為你妥善保管的，你放心去吧。你什麼時候來取都成。」於是，第五常就把一百三十萬貫錢送到閻敞家中。閻敞當面把錢封存起來。

臨別的那天，閻敞親自去送第五常，送了一程又一程。第五常再三勸他留步，兩人才依依惜別。臨走前，第五常對閻敞說：「我那筆錢，兄長如果有需要，儘管用就是了。」

第五常到京後不久，京城突然爆發了瘟疫，第五常全家都不幸染上了病症，先後死去，只留下他的一個小孫子。第五常在臨終的時候拉著小孫子的手，斷斷續續的說：「你……如果能夠……活下來，年紀……那麼……小，將來……怎麼……生活啊？我有……三十萬貫錢……寄存在……家鄉你……閻敞爺爺的家中，你……可以取來……維持生計……」說完，就嚥氣了。

第五常死後，他的小孫子牢牢記住了爺爺的話，知道他在家鄉的閻敞爺爺家中寄存了三十萬貫錢。但當年小孫子年幼，路途遙遠，根本無法取回這筆錢，只能靠他家在京城的親戚朋友接濟度日。

十幾年過去了，小孫子長大成人，這才準備回鄉。為了安置家業，他想去找閻敞爺爺取回爺爺生前寄存在他那裡的錢，但是又覺得心裡不踏實：這麼多年過去了，人家還會承認嗎？況且，當年爺爺也沒有和人家簽訂任何字據，空口無憑，人家會給我錢嗎？

不管怎樣，小孫子還是來拜見閻敞。那天，閻敞正在書房看書，忽然家裡人進來說，有一位年輕的公子來拜訪。閻敞到客廳一看，覺得這個公子似曾相識，只是一時又想不起在什麼地方見過。那個公子見了閻敞，說起自己的爺爺第五常，閻敞才知道原來他是第五常兄弟的孫子。

閻敞聞聽了第五常一家的不幸，回想起過去兩個人的友情，百感交集，為朋友而悲傷。第五常的孫子還沒有開口提錢的事情，閻敞就說：「你的生計暫時不要發愁，你爺爺當年在我這裡存了一百三十萬貫錢，你現在拿回去用吧。」

第五常的孫子一聽，頓時愣住了，說：「爺爺說在您這裡存了三十萬，不是一百三十萬啊！」於是，他就把爺爺臨死前的話又說了一遍，問閻敞：「您是不是記錯了？沒有那麼多吧？」

閻敞忙說：「沒有錯，沒有錯！孩子，我琢磨肯定是你爺爺在重病之中，頭腦不清醒了，把話說錯了。」說著，忙到儲藏室中把第五常存放的一百三十萬貫錢搬了出來，親手交給第五常的孫子。

第五常的孫子接過錢來，含淚告辭。他想：閻敞爺爺不愧是我爺爺的好朋友。這真是錢財有數，誠信無價啊！

觸類旁通

交友要交心，待人貴在誠，真誠的對待朋友，應該講信用、守諾言，言必信，行必果。第五常奉命去京城任職，之所以把一百三十萬貫錢交給閻敞保管，就是因為他相信朋友，知道他是個人品端正、誠信無私的人，而且後來發生的事情也證實了這一點。正所謂：「錢財有數，誠信無價」啊！

現代社會，人們往往抱怨知心朋友太少，人與人之間多了冷漠而少了熱心。其實，要想交到真正的朋友，最重要的是首先自己要待人真誠，只有你真心的付出，才會贏得別人的好感。

范巨卿千里踐雙約

范巨卿，即范式。東漢時期做過荊州刺史。關於他以誠信交友的故事有很多。據說，范巨卿在太學讀書時，與同學張元伯（即張劭）是真誠相待、無話不談的好朋友。他們兩個人都知道，朋友之間最要緊的就是以誠相待、信守諾言，而且兩個人也是這樣做的。

范巨卿是山陽郡人，張元伯是汝南郡人。太學結業後，他倆結伴回故鄉。一路上，他們談論著在一起讀書時的點點滴滴，真的是難捨難分。終於要分開了，兩人在臨別時依依不捨，張元伯留著眼淚說：「我們兄弟一場，今日一別，不知道何時才能再見啊？」說著說著，便伏在范巨卿的肩頭抽泣起來。

范巨卿安慰他說：「不要緊，我們是生死之交，我們一定會再見面的。今天是七月十六，兩年後的今天，我一定到汝陽郡來與你歡聚。」聽范巨卿這麼說，張元伯停止了抽泣，說：「一言為定，我們兩年後再見！」說完，他們揮淚而別，各自踏上了回鄉的路。

張元伯回到家鄉，一直記著范巨卿離別時說的話。一晃兩年過去了，離他們約定的日子越來越近了，張元伯開始忙著準備酒菜，收拾房間。張元伯的母親不知道兒子的用意，覺得有些奇怪，於是就問兒子：「元伯啊，你這樣忙著準備酒菜收拾房間，難道是有貴客要到嗎？」張元伯回答說：「是啊，娘，我忘記和您老說了，我與在太學讀書時的好友山陽郡的范巨卿在兩年前分手的時候約好，他在今年的七月十六要來咱家。眼看日子就要到了，所以我得趕緊準備啊！」

母親聽後笑笑說：「你真是個傻孩子！山陽到汝南，有千里之遙。同學兩年前分別的時候說的一句話，你怎麼還真的當真了呢？」張元伯說：「娘，我是認真的。因為我和范巨卿是同學，我瞭解他，他是一個非常講信用的人。兩年前，他說今年的七月十六要來，就一定回來。他是絕對不會失約的。」

母親看兒子這麼認真，就說：「既然這樣，咱們就趕快準備吧。」於是，也幫助兒子忙乎起來。很快，七月十六到了。天剛麻麻亮，張元伯就起床跑到村頭去等。在太陽剛一出來的時候，范巨卿就風塵僕僕的趕來了。久別重逢，兩人的手緊緊的握在一起，一時之間雙眼噙淚，不知道該說什麼。

過了一會兒，范巨卿才說：「我這次曉行夜宿，走了半個多月，可總算在約定之日趕到了。咱們別在這兒站著了，趕快到家裡拜見伯母吧！」張元伯和范巨卿手牽手走進家門，張元伯高興的喊道：「娘，我的好朋友范巨卿來了，我說過他不會失約的，這回您該相信了吧！」劭母趕緊出來把范巨卿迎進屋裡，一邊問寒問暖，一邊高興的說：「巨卿啊，我兒子有你這樣的好朋友，是他的福氣啊！你趕緊梳洗一下，馬上就擺酒席為你接風。」

范巨卿在張元伯家裡住了十多天。在這些日子裡，他們兩個人各自說了分別兩年來的生活及對對方的思念，既回憶了已經逝去的美好時光，又暢談了對未來生活的憧憬。這期間，范巨卿發現張元伯不斷的咳嗽，身體狀況大不如從前，因此離別時一再囑咐他注意身體。張元伯拉著范巨卿的手傷感的說：「巨卿啊，咱們是生死之交，如果有一天我走完人生之路先你而去，你可一定要來送我啊！」

范巨卿看著張元伯傷心的樣子，心裡也十分難過，他含著眼淚說：「元伯，你千萬不要這樣悲觀，只要注意調養，你的身體會慢慢變好的。同時請你放心，如果真的有那麼一天，我一定會送你來的！」說完，兩人揮淚而別。范巨卿回到家不久，就得到了張元伯去世的消息。這時，范巨卿由於旅途勞累已經非常疲勞，但他還是立即啟程，日夜兼程的趕到汝陽。因為張元伯臨終前有話在先，說一定要等到范巨卿來後才下葬，所以，當范巨卿趕到劭家時，看到張元伯的靈堂還沒有拆，棺木仍然放在那裡。范巨卿一見棺木，不禁號啕大哭。他雙手拍打著棺木，邊哭邊說：「元伯啊！你才華出眾，志向遠大！壯志未酬，怎麼就這麼走了呢？雖然你不在了，但是我們的友情還在，你將永遠活在我心中。今後，我一定要經常想著你我共同的志向，為國為民多做好事，以告慰你在天之靈啊！」

范巨卿祭奠完畢，又去拜見了張元伯的母親，請她老人家節哀保重。在出殯那天，范巨卿和眾人一起拉著繫在棺木上的繩子，把張元伯送到墓地安葬，並獨自守墓數日。

觸類旁通

中國傳統的交友之道特別重視誠實守信。因為誠實守信是做人的基本道德，更是交友的基本原則。孔子的學生曾參就把與朋友交往是否誠實守信，作為自己每天反省的重要內容。范巨卿與張元伯是生死之交的摯友，他信守約定，千里迢迢兩赴汝南，以踐生死之約，著實令人佩服啊！

如果朋友之間，能夠像范巨卿一樣，那真的是不容易。現代社會，像范巨卿這樣的人實在很少，他的守信似乎有些讓人不可思議，但是只要具有他的這種守信的精神，並時刻要求自己做到誠實守信，就一定會成為一個令人尊重的人。

樂羊子妻誠實守節

樂羊子的妻子是漢代洛陽有名的賢慧女子。她誠實善良，知書達理，雖然家境貧寒，但是非常自愛，從不貪占別人的便宜，甚至撿來的東西也不要。

一天，樂羊子的妻子到地裡幹活。只有樂羊子的妹妹在家，她看見鄰居家的一隻母雞跑到自己家的菜地裡，於是她想：嫂子待我像親妹妹一樣，並且為哥哥的學業整日操勞，一年到頭也吃不上幾次肉，不如殺了這隻雞燉一下，給嫂子補身子吧。於是，她就逮住老母雞把牠給殺了。

晚上，樂羊子的妻子回來了，看到碗中的雞肉，就問：「妹妹，咱們家的雞一隻都沒少，這是哪來的雞肉啊？」樂羊子的妹妹不敢撒謊，就如實告訴了嫂子。嫂子聽後，說：「我們家裡雖然窮，但是無論如何也不能拿別人家的東西。想一想，這也是人家辛辛苦苦養的雞，我們怎麼能白吃呢？」說完，就來到自家雞棚裡，挑了一隻又大又肥的老母雞，送到鄰居家，並且向鄰居道歉。

樂羊子的妹妹被嫂子的誠實守節、不貪圖小便宜的品德感動了，不但向嫂子承認了錯誤，還在心裡暗暗發誓，也要做像嫂子一樣的人。

還有一次，樂羊子在路上撿到了一塊金子，就高高興興的拿回家給妻子。妻子問：「這金子是哪裡來的？」樂羊子說：「在路上撿的。」妻子說：「別人的東西，我們不能要。」樂羊子說：「反正也不知道這金子的主人，就留下吧，補貼家用，省得你那麼辛苦！」妻子嚴肅的說：「別人的就是別人的，即使是人家不小心丟掉的東西被你撿了回來，也不能就把它當作自己的東西。我聽說，有志氣的人連泉叫『盜泉』的水都不喝，誠實廉潔的人對於撿來的東西也不會要。如果你為了貪圖小利，把這塊金子留下來，就是不誠實的表現。你得到這塊金子，卻丟失了誠實守節、廉潔自律的高尚品德。」

樂羊子聽了非常慚愧，就在撿金子的地方等失主來尋找，終於把金子還給了失主。後來，樂羊子到外地讀書，由於思念妻子，就在中途回家來看望她。樂羊子的妻子操起剪刀，剪斷了正在編織的布，說：「只有不懈的努力，不停的織下去，才會織出很長的布。你總是回家，就像剪斷織布機上的布一樣，很難成就大業的。」

樂羊子聽了非常感動，從此再也不敢中途回家了，最後終於成為大學問家。樂羊子的妻子也因為自己誠實守節而受到人們的尊敬和好評。

觸類旁通

俗話說：「竹有節而貴，人有節而尊。」人之誠信如竹之有節。樂羊子的妻子教育小姑和丈夫誠實守節，不因家貧而貪占別人的小便宜，難能可貴。她的高尚品行理應受到人們的尊敬和稱讚。

很多時候，人們往往因為自己身處逆境或遭遇不幸的時候，而放鬆對自己的道德要求，為了達到某種目的，而喪失了做人的根本，這是不可取的。一個真正的品德高尚的人，就應該時時、處處都體現出自己的高尚品德。一個人的品德的高與低，不是刻意追求的結果，而是其內心的體現。所以說，平常之中方現人生本質，小事之中往往蘊藏著大智慧。

嵇康與山濤

嵇康，字叔夜，東漢譙國人。在魏做過中散大夫，故世稱嵇中散，是三國時期著名的思想家、文學家和音樂家。山濤，字巨源，河內懷縣人，好老莊學說，曾任吏部尚書、尚書右僕射等職。

三國時期曹魏末年，曹氏集團與司馬氏集團為了爭奪國家的統治權而明爭暗鬥，搞得官場上一片混沌。許多有才學的人都逃避現實，不想混入其中。其中有名的文人，他們是阮籍、嵇康、山濤、向秀、劉伶、阮咸、王戎。這七個人經常在竹林中閒遊，試圖尋找亂世中的清淨。歷史上把這七個人稱作「竹林七賢」。雖然他們行為古怪，但是他們都是信守諾言、不畏強權、品德高尚的人。

當時的朝廷，表面上是曹操的後人做皇帝，實際上是丞相司馬昭操縱朝中大權，甚至暗中謀劃奪取皇位。他為了擴大自己的勢力，爭取社會名流的支持，還請「竹林七賢」出來做官。他首先請山濤出來，因為司馬昭的祖母是山濤的堂姑母，山濤不好拒絕，只好答應了。

後來，山濤又推薦嵇康到朝中為官。由於沒有事先徵求嵇康的意見，嵇康非常生氣，就寫了一封信給山濤。在信中，他不但指責山濤，還猛烈抨擊了當時的司馬氏集團。山濤知道嵇康是個正直、清高的人，就沒把這件事放在心上，還是和嵇康保持著真摯的友情。但是，這件事使司馬昭對嵇康懷恨在心。

後來，有個叫鍾會的勢利小人在司馬昭面前說了嵇康的壞話，司馬昭就隨便找了個藉口把嵇康抓到監獄裡，並判了死刑。這個消息很快就傳開了，洛陽城裡很多人都為嵇康求情，山濤也幾次上書請求赦免嵇康的罪行，但是都無濟於事。

嵇康在臨死前，把自己年僅十歲的兒子嵇紹託付給山濤，山濤爽快的答應了。嵇康把兒子叫到跟前說：「你山濤伯伯是個值得信賴的人，只要他在，你就不是沒有父親的孤兒，他會像父親一樣照顧你。」果然，山濤是個守信用的人。嵇康死後，山濤不怕司馬氏集團的迫害，對嵇康一家老小盡心照顧，把嵇康的兒子當作自己的親兒子一樣對待。

十幾年過去了，司馬炎當了皇帝，朝廷的混亂局面有所好轉，山濤就上書給司馬炎說：「父親有罪，和兒子沒有關係。嵇紹現在已經長大成人，並且品德高尚、才華橫溢，是個人才，應該得到重用。」司馬炎採納了山濤的意見，對嵇紹委以重任。

觸類旁通

做人要講誠信，交友貴在誠信；結交朋友不講誠信，相互間就會結怨離散。只有誠信的朋友，才能夠肝膽相照，休戚與共。

嵇康信友托孤，山濤守信不避嫌撫育遺孤，他們就是誠實守信的好朋友、好典範。嵇康對朋友的信任和山濤的誠實守信，都值得我們後人學習和讚揚。

生活中，許多人多抱怨知心朋友太少，或者抱怨朋友不講信義。其實，在你抱怨的時候，你是否也應該反思一下，自己做的到底如何？你是不是對朋友講信用？只有自己做好了，才能要求別人啊。

原來，
財富的基礎
靠得是簡樸

帝王之簡

荀息諫晉靈公去奢從儉

春秋時的晉國，自晉文公即位後，發憤圖強，使得國家迅速興盛起來，成為春秋時的一大強國，晉文公也成了一代霸主。可是接下來，晉襄公、晉靈公卻不思振作，只圖享樂，使得晉國逐漸衰落，其霸主地位也不知不覺地就被楚國取代了。

晉靈公喜歡穿戴華貴奇異的服飾，沉溺酒色，常常通宵達旦飲酒作樂。他在位期間，多次修建亭臺樓閣。有一年，他竟挖空心思，想要建造一個九層的樓臺。如此宏大複雜的工程，要耗費很多人力、物力和財力。可是靈公不顧一切，徵用了無數的民役，花費巨額的資金，持續建造了幾年，也未能完工。樓臺動工興建前，靈公曾明令宣佈：「有哪個敢提批評意見，勸阻修造九層之臺的，處死不赦！」因此全國上下，無不怨聲載道，但都敢怒不敢言。

一天，靈公正在宮裡和妃子們飲酒作樂，忽然侍從進來稟報，說是大夫荀息前來求見。靈公正在興頭上，於是謊稱自己生病了，差人把荀息打發走了。過了不久，侍從又進來稟報，說是荀息有好玩的雜耍，要表演給靈公欣賞。靈公於是才答應召見荀息。但卻令衛士張弓以待，只要荀息開口勸阻建造樓臺，就可射死荀息。誰知荀息進來後，像是沒看見這架式一樣，非常輕鬆自然，笑嘻嘻地對靈公說：「我今天特地來表演一套絕技給您看，讓大王開開眼界、散散心。」

靈公一下子被他擺的架子吸引住了，很有興趣的問：「什麼絕技？別賣關子了，快表演給我看看。」荀息點了點頭，笑著說：「我可以把十二個棋子一個個疊起來，再在上面加九個雞蛋。不信，請看。」他邊說邊真的演示起來。靈公非常緊張地看著，禁不住大聲說：「這太危險了啊！」荀息一聽靈公這樣說，便順水推舟，趁機進言，說：「大王，這算不了什麼，還有比這更驚險的呢。」靈公覺得更加奇怪，因為對他而言，這已經是夠刺激的了，怎麼還會有更驚險的絕招呢？於是便迫不及待地說：「真的嗎？趕緊讓我一飽眼福！」

這時，只聽荀息一字一句，非常悲痛地說：「九層之臺，造了三年，還沒有完工。三年來，男人不能在田裡耕種，女人不能在家裡紡織，都在這裡搬木頭、運石塊。國庫的金子也快花完了。兵士得不到給養，武器沒有錢鑄造，鄰國正在計畫乘機侵略我們。這樣下去，國家很快就會滅亡。大王，真正危險的事情就在您的身邊啊！長此以往，後果將不堪設想啊！」

靈公一聽，猛然醒悟，意識到自己幹了這麼多荒唐的事情，犯了如此嚴重的錯誤，於是令衛士將弓收起退下，同時下令，立即停止築臺。

觸類旁通

荀息略施小計，就點化了這愚頑不化的昏君，救民於水火之中，救國家於危亡之際。他勸諫靈公廢棄奢靡的行為，是他明白作為一個國家，財富再多，也經不起奢侈浪費，而這樣做會給人民加重很大負擔。統治者如果貪圖享樂，一味地追求奢華，那麼他的末日就要到了。荀息正是知道奢侈的危害，所以才極力勸諫統治者去奢從儉，以保持國家長治久安。

一個有志於從商的人也應從中吸取這樣的教訓，積累財富不易，如果不能戒除奢侈，只顧貪圖享樂，即使你家財萬貫，也經不住這樣的揮霍，早晚還是要破產的。

曹操節己賞功

曹操，字孟德，沛國譙人。西元一五五年出生在官宦人家。父親官至太尉，地位很高。當時，曹嵩想當太尉，漢靈帝知他家富有，詐他比原定標價一千萬錢的十倍，即要一億錢才賣這太尉職位給他。可見曹家何等富有。曹操雖出身於極富家庭，但他為人節儉，反對奢侈。他以鎮壓黃巾軍起義而擴展勢力，迎天子於許昌，挾之以令諸侯，統一北方。這雖由於他有雄才大略，知人善任，也與自己儉約而重賞有功者，因而得人心有關。

曹操賞罰分明，對有功的人員，一點也不吝嗇。他曾將自己擁有的四縣三萬戶的封邑所得的租金分給有功的將士。他之所以這麼做，正如他所說：「戰國時，趙王給有功的趙奢和竇嬰兩位將軍，當著眾大臣們的面賞賜給他們千兩黃金；後來，這兩位將軍盡心竭力，幫助趙王平定邊疆，收復失地，使得趙國國泰民安，他們自己也流芳百世。每當我讀到這些介紹的文字時，也非常讚賞趙王的做法。」顯然，曹操是受此啟發而節己賞功，其目的是為了使他的部將們「濟成大功」。也正因其節己賞功，軍心歸附，為之效死，故能稱雄北方。

曹操性情文雅，崇尚節儉。他不喜歡華麗的服飾，他從來不穿綢緞的衣服，只穿布衣。掛在宮裡的帷帳屏風，壞了就補一下，繼續使用。自己所蓋的被子，也很樸素，沒什麼飾物。不僅如此，而且也命家人不准鋪張奢華。他明確規定：家人不得穿五顏六色的衣服，不准穿漂亮的繡花鞋。還規定：家人所居住的房屋一律不准用薰香，只能用楓膠或蕙草代替。由於曹操的嚴格要求，很長時間，家人的衣服都沒有用錦繡做的，穿的鞋子也只有一種顏色。

曹操不僅在家庭中積極宣導節儉的風氣，而且對家庭成員的執行情況進行嚴格的監督，有時甚至採取極其嚴厲的措施。

曹操的四子曹植之妻，在一次雨過天晴時，想到花園中去消遣一番。於是，身著華麗的繡花衣裙，在侍女的陪伴下來到花園。曹植看見，連聲讚道：「真是美極了。」可是話音未落，一下子變得不高興了，對妻子說：「父親厲行節儉，三令五申，命令家人平素一律不得穿著華麗衣裙，你如此打扮，不怕招來父親的責罰嗎？」妻子怨艾地對丈夫說：「我們身居相府，卻要如此節儉，未免太不近人情了。況且父親政務纏身，此時不會回來，你不要把事情想得那樣嚴重。」

不料，曹操忙完政事，帶領隨從回到府中，忽然瞥見花園之中，有一婦人身著華麗衣裙正在塘邊徜徉。查問之下，竟是曹植的妻子，不禁勃然大怒，厲聲說道：「我自陳留起兵之日，就要求家人厲行節儉，我如果姑息今日的事情，難道不等於放縱奢華？在家庭中宣導節儉，事關社稷，嚴格治理尚恐約束不及，還可以有絲毫的鬆懈嗎？」說完，立即下令，命曹植的妻子即日自裁。

曹操一生都極力宣導節儉，就在他生命垂危之際，仍不忘告誡家人要勤儉持家。

西元二二〇年，曹操由於過度疲勞，舊病復發，自感再也支持不了多久，就喚心腹大臣及夫人卞氏和眾婢妾來到榻前。當他囑咐完軍政大事之後，就當著眾臣的面對夫人說：「我死之後，遺下的薰香可以分給各夫人，不要用香來祭祀。叫各房的人學著編織絲帶和做鞋子賣。」然後，指著四只箱子繼續說：「我歷年做官所得的衣服和綬帶，都在四只箱子裡，就讓孩子們分掉吧……」

說完後，曹操就閉上了眼睛。在場的大臣們都沒有想到，身為魏王的曹操，臨終之前還不忘告誡家人厲行節儉。

觸類旁通

曹操在歷史上總被人所非議，然而，一代梟雄總是有其成功的和為人所讚歎的地方。他這種不論對己、對公，都主張節約，就是十分值得我們學習的。正是因為他的厲行節儉，東漢末年遺下的奢侈之風才被制止，並逐漸形成一種儉約的風氣。因而能用節約的財物來從事統一戰爭，並用以賞有功，鼓勵將士，這也是他能「濟成大功」的重要原因之一。

從自身做起、從領導者做起，優秀的風氣、品格才能夠迅速地蔓延開來，成為社會的榜樣，進而為你創造出巨大的財富。

劉裕破衣戒奢

劉裕年輕的時候，家境貧寒，為生計所迫，不得不暫別新婚的妻子，到新洲收割蘆葦換錢餬口。臨行前，妻子送給他一件親手縫製的粗衫短褲，並再三囑托要好好照顧身體。在新洲，烈日炎炎，劉裕頂著酷暑辛勤地收割著蘆葦，一晃十幾天過去了，蘆葦割了不少，可是身上穿的那件新衣裳早已被磨得破爛不堪。更可悲的是，劉裕辛苦得來的血汗錢，又被賭徒拉去賭博，輸了個精光，並欠了不少賭債。

因為無錢償還，賭徒將劉裕綁在馬樁上當眾羞辱。無奈，劉裕只好穿著這身破衣裳投入東晉北府軍劉牢之的帳下，後來因為戰功不斷，得以晉升，官運極好。

後來，劉裕以「禪讓」名義廢掉東晉皇帝司馬文德，改國號為宋，當了皇帝。劉裕做了皇帝之後，並沒有忘記貧寒的往事。他將那身破衣裳保存了下來，並時常告訴子女說：「我保存此衣，就是為了不忘當年。後世子孫如果有驕奢不儉者，必受家法的懲治！」等到他的大女兒會稽公主出嫁的時候，劉裕也只給不超過二十萬錢的嫁妝，並不准許置辦錦繡金玉。

一次，劉裕想念會稽公主的兒子徐羨之，當時徐羨之在西州，劉裕便步出西掖門而向西州方向奔去，等到宮中知道，擺好儀仗準備跟隨時，劉裕已經走出很遠了。

劉裕一直都清簡寡欲，崇尚儉樸。在大明年間，劉裕的寢宮年久失修，為雷雨所壞，負責的官吏在原址上修建了玉燭殿為寢宮。竣工後，劉裕率領群臣前去參觀。只見室內佈置樸素，沒有擺設古玩珠玉，床頭懸著土布做的幔帳，牆壁上掛著葛麻製作的燈籠，用的是麻繩做的塵拂。群臣對劉欲居高不奢的品行，莫不歎服。

劉欲對此感歎道：「我就是做給天下人看的啊！願天下蒼生都能夠知道簡樸的意義啊！大則興國，小則興家，關鍵是正己明心。」

他的衣服沒有錦繡寶玉作裝飾，宮中也不允許后妃們身著紈綺麗服，使用昂貴的器皿。有一次，寧州地方官獻給劉裕一個琥珀枕，色彩鮮豔、晶瑩透亮，看起來非常典雅。因為琥珀可入藥治療刀劍創傷，當時正值要出兵北征，劉裕得到琥珀枕後非常高興，馬上命人搗碎分給諸位出征將領，以備藥用。

由於劉裕帶頭節儉，以身作則，不允許天下私藏，使東晉以來囂張的奢侈之風有所收斂。

觸類旁通

有人視「簡樸」為「貧乏」，把追求簡樸的人，看作是不懂享受和缺乏情趣。事實上，「簡樸」是一種嚴謹的生活態度，是在追求物質享受和心靈滿足兩者之間求取平衡。生活簡樸的人，重視物質背後的意義多於其金錢價值。例如選擇衣服著重舒適和稱身；選擇日用品，以實用為主要考慮，不被琳琅滿目的名牌商品牽著鼻子走，也不會因追求日新月異、層出不窮的新產品而疲憊不堪。

孝文帝尚儉

時間如白駒過隙，轉瞬即逝。西漢文帝劉恒從代地回到朝中，不知不覺已經即位二十三年了。看看身邊的東西，供他享用的，修建好的宮殿還是老樣子；皇家園林，甚至御用衣服、車馬，什麼也都沒有變化，都是舊的或稍微翻新一下。二十三年裡，如果文帝感覺有不合適的，總是緩辦或者停辦，不願損害百姓的利益。

當時，文帝有一個十分寵愛的妃子慎夫人，對文帝照顧得很周到。平時文帝的衣食起居都是由她安排的，但是她卻規定文帝平時穿的綈衣不能長到拖到地上，宮中幃帳不能繡有彩色花紋，以表示文帝的淳厚和樸素，以便率先垂範，做天下人的榜樣。當時皇帝在位時都要修建死後的陵地，而文帝修建他的陵墓霸陵時，卻要求陵中陪葬品只能用瓦器，不得用金、銀、銅、錫等貴金屬做裝飾品，墓上不堆土成墳，以此來儉省，不煩勞百姓。文帝一心考慮用德政感化百姓，所以天下殷實富足，依靠禮儀使國家逐漸興盛起來。

曾經有一次文帝打算修建露臺，於是召來匠人仔細計算了一下，匠人告訴他約需要一百金。文帝聽後就說：「一百金，相當於中等百姓十家的產業啊！我享用著先帝的宮殿，還常常怕給先帝帶來恥辱。修建露臺又有什麼用處呢？」於是，就取消了重新修建露臺的計畫。

後元七年六月，漢文帝死在未央宮。遺詔上寫明：「我聽說天下萬物從開始萌芽和逐漸成長，終歸是要死去的。死，是天地之間存在的法則，是萬物發展的必然結果，沒有什麼值得過分哀傷的。當今世上，人們都願意活著，而厭惡死亡。如果有親人死了以後，便破產厚葬，喪期持續三年，甚至還要傷害生命，找他人陪葬，這些我是堅決不贊成的。再說，我既然德行不好，也沒有怎麼去幫助百姓，現在死了，還讓臣民長期為我守喪哭泣，遭受嚴寒酷暑的折磨，悲哀之餘，挫傷人們的志氣，使他們減少飲食，中斷對鬼神的祭祀，最終反而會使我的德行更加不好。天下的人此後會如何評論我呢！」

於是詔令天下臣民，接到詔令，只在大喪期哭喪三天，三天以後都除去喪服。同時，也不像其他皇帝逝去那樣要求禁止娶妻、嫁女、喝酒吃肉，也不中斷對天地四時的祭祀。規定詔令裡沒有包括的，都參照這個詔令辦理。同時佈告天下，使全天下的百姓群臣都知道他的心意。

觸類旁通

從帝王們以及他們家庭自奉的態度，以及他們的家庭教養，可以得知古代朝廷的節儉風範。以節儉表率天下，以簡樸為治本，這是歷代帝王成就事業的關鍵所在。人在艱難困苦之中，能夠安貧樂道，固然可貴，而更為可貴的是，在他處於富貴發達之時，仍能有一種清新的信仰，持有一種操守。而用這種信仰和操守充實自己的心靈而塑造出來的人，必將是一個不為名利所纏繞的人，一個超凡脫俗的人。

隋文帝自奉甚儉

北周時期，有一個名叫楊堅的人，在朝為官時，常為皇帝出謀獻策，有時還親自率軍作戰，不僅政績斐然，而且戰功顯赫，被封為隋國公。

英明的靜帝宇文闡見楊堅才華超人，治國安邦頗有方略，不顧皇族和朝臣的反對，毅然仿效堯、舜，讓位於他。開始，楊堅一再拒絕。後來，有官勸進，大將軍、金城公奉旨將靜帝的璽紱送來，他才不得不同意接受皇位。他就是後來隋朝的開國皇帝隋文帝。

楊堅，陝西華陰人。北周時期官至宰相。楊堅少時，讀書勤奮、智慧超人，在家鄉曾有「神童」的美稱。進入仕途之後，從縣令一直官至宰相。他不論在朝為官，還是擔任地方官吏，一貫勤政為民、反奢倡儉，深受朝廷百官的敬佩和黎民百姓的擁戴。

楊堅接受皇位後，決定改國號為隋，年號開皇。之後，滿朝文武日以繼夜地加緊籌備舉行新皇登基盛典。楊堅見勢，為不致造成很大的浪費，便對眾臣說道：「典禮儀式一律從簡。當前，你們不要把精力花在這上面，而要用心研究需要急辦的事。」有個與楊堅自幼同窗、交情甚篤的大臣說道：「開國大典若辦得沒氣勢，有失體面。鄰國聞之，不但要笑話，還會歧視我們。」楊堅斬釘截鐵地說道：「現在不是討論這個問題的時候，你們按朕的決定行事便是。」

西元五八一年二月十四日，楊堅傳旨朝廷百官，舉行登基典禮。這天，天氣晴朗。正午時刻，楊堅率領幾個侍臣，穿著常服自相府入宮，即皇位於臨光殿，宣佈各部尚書和各地軍政主管任命之後，儀式即告結束。當時，人們儘管對此議論紛紛，說法不一，但大多數朝臣是持贊成態度的。

隋文帝楊堅是歷史上勤政廉潔的皇帝之一。他目睹了北周武帝的嚴謹節儉和周宣帝的荒唐奢侈。認定「力儉則富，貪奢則亡」的道理。主政後，積極推行「節儉恤民，勤政務實」政策，提高了國家機構的行政效率，激發了農民的積極性，社會財富急劇增加，各級府庫錢物山積，甚至窖藏也不能容納。到開皇末年，天下的錢糧，可供支五、六十年，儲藏之盛，自古未有。文帝勤於政務，每日清晨上朝理事，直到過午也不知疲倦。有時和大臣討論國事，往往日薄西山還不甘休，侍衛只好將飯送上殿堂。他注意體恤百姓，當瞭解到關中災區民間食糠的情形，自己也近一年不食酒肉。每逢車駕外出，有人上書都要親自過問；遇到扶老攜幼的人群，便告訴衛士不得驅趕，主動避讓，道路難走的地方還要遣隨從幫助挑擔者，充分體現仁政作風。

楊堅雖貴為皇帝，但很節儉。他個人的衣食住行都務求節儉，其衣服、車輿破舊，隨時修補，不換新的。有的官吏用布袋將生薑送給他，他認為太浪費，大加譴責。宮中存物不多，有一次要配製痢藥，要用胡粉一兩，在宮中卻找不到。他如此重視節約，是因他瞭解到儉奢對國家興亡大有關係。因此，他不只要求自己，還教育太子楊勇。

他見太子楊勇穿文飾蜀鎧，很不高興，擔心他將來會變得奢侈起來，告誡他說：「我聽說天道無親，惟德是與。歷觀前代帝王，未有奢華而得長者。你現在身為太子，如果上不稱天心，下不合人意，何以承擔社稷的重任，身居萬民之上？昔日我的衣服裡經常放一個警示物，時不時都要看看，用來自警。今天賜給你一把刀子，讓你能看到我的用心。凡是奢侈無度的人，都是要受到懲罰的。切記！」

楊堅在位二十四年，一貫反奢倡廉。他多次派遣使者出巡全國，考察民情，瞭解各地官吏為政情況，一旦發現地方官吏貪汙揮霍者，便下令嚴懲不貸。同時，楊堅自己身體力行，為滿朝文武大臣做出表率。他每逢出巡一地，都要親自深入到百姓中間查問疾苦；禁止地方官員迎來送往，制止鋪張浪費。

就是在生命垂危時，楊堅也還念念不忘節約。他在給朝廷和家人的遺詔中，講到現在國家仍然有衣食不豐的百姓，這有愧於百姓厚望。並鄭重地交代他死後要簡葬：「務必從儉，不得勞人」。

不久，楊堅病死，滿朝大臣和太后、皇妃都深知他在世時一向嚴於律己、說一不二。於是，經過大家的商議，決定遵其所囑，從簡治喪，一改前朝重葬之風。此舉不但贏得時人的讚譽，還得到歷代史學家們高度評價，被後人傳為佳話。

觸類旁通

何以能促進國家興盛？因為皇帝節儉，才能減輕人民負擔，才能使人民有餘力發展生產使倉廩實，人民得以安居樂業，也就擁護法令，社會就更安定，一切亂源就可堵住，天下就可太平無事。

今天，節儉成為國家興盛、事業有成的重要保障。在一次新聞發佈會上，人們發現坐在前排的美國傳媒巨頭ABC副總裁麥卡錫突然蹲下身子，鑽到了桌子底下。大家目瞪口呆，不知道這位大亨為什麼會在大庭廣眾之下做出如此有損形象的事情。不一會兒，他從桌子底下鑽了出來，揚揚手中的雪茄，平靜地說：「對不起，我的雪茄掉到桌子底下了。母親告訴過我，應該愛惜自己的每一分錢。」麥卡錫是億萬富翁，照理說，應該不會理睬這根掉在地上的雪茄，但他卻給了我們意想不到的答案。這是一種財富修養，這種修養正是他們創造巨大財富的源泉所在。

周太祖力倡薄葬

自秦、漢以來，帝王厚葬成為風氣。他們動用大量的人力、物力、財力，建築規模宏大的陵墓，死後又用大量的珍寶金銀陪葬，極盡奢侈豪華之能事，其中不乏英偉聰明之主。可是，他們能維持生前的富貴，又怎能保證死後的長存呢？奢靡厚葬，不僅勞民傷財，化神奇為腐朽，而且給日後陵墓被掘、死不安寢留下了隱患。五代時的君王，平均在位時間還不到五年，往往不得其死，哪裡顧得上後事。

後周太祖郭威，是一位提倡薄葬的皇帝。他提倡葬禮要從簡，雖然很大程度上是有鑑於唐代皇帝陵寢被大肆掘盜，但也體現出周太祖郭威平素樸素、節儉的作風。

後梁末帝時，天下紛亂，出了個以掘墓著名的節度使溫韜。溫韜本是京兆華原人，早年以盜墓為生，後來做了鳳翔隴右節度使李茂貞的部將，投降後梁，又兩度復叛。梁末帝時，他又做到了節度使。溫韜為人貪婪兇狠，目無法紀，在做節度使期間，唐代皇帝的陵寢凡是在他轄區內的，全都被他發掘盜竊遍了。昭陵是唐太宗李世民的陵墓，建築十分堅固宏偉。溫韜派遣軍士費盡氣力掘開了墓道，進入寢宮，看到裡面宮室製作宏大華麗，如同人間的皇宮一樣。墓室中間是正寢，東西廂佈滿了石床，床上石函中放著大鐵箱，裡面藏的是前世的祕笈圖文、書法繪畫珍品等等，特別是鐘繇、王羲之的真跡，是唐太宗生前最喜愛之物，故囑以隨葬，由於保存恰當，此時紙墨還像新的一樣。

溫韜知道這些都是稀世珍寶，於是就一件不留，全都掠為己有。就這樣，唐代皇帝陵墓遭到肆無忌憚的破壞，隨葬的大量金銀玉器、奇珍異寶，全都被洗劫一空。後唐莊宗滅梁，溫韜求降，莊宗大臣郭崇韜就堅決反對接納，說：「這是個盜掘陵墓的賊寇，罪不可赦！」可知他挖掘皇帝陵寢，是為人所熟知而厭惡的。

溫韜掘墓的事，給了後周太祖郭威深刻的警示。他曾多次告誡周世宗柴榮說：「當初我西征時，看到唐十八陵沒有不被發掘的。這沒有別的原因，就是因為埋葬在裡面的金銀、玉器、珍寶太多了。如果我死了，就用紙做壽衣，用瓦棺收殮。要及早入土安葬，不要久留在宮中。

墓中不要用石料，用磚代替就行。埋葬之前，打開棺柩讓人看清，免得讓人疑心裡面藏了珍寶。安葬完畢，徵募住在附近的三十戶百姓，免去征徭，讓他們守護就行了。不要修地下宮室，不要置守陵的宮女，也不要雇用工人和役徒，不要擾民。墓前也不必置石羊、石虎、石人，石馬，只要立一塊石碑就行了，上面刻上『周天子平生好儉約，遺令用紙衣、瓦棺，嗣天子不敢違也』一行字。你要是違背了我的意願，我雖然逝去也不會安心的。」

觸類旁通

古語說：「前車之覆，後車之鑑。」歷史上許多正確的決策，都是經過總結前人的失敗經驗而做出的。周太祖郭威能夠鑑往知來，提倡薄葬，真可謂一位有識見的君主了。

再從周太祖的故事中，吸取經驗，總結教訓，無論社會發展到什麼程度，勤儉節約都是光榮的，奢侈無度都是可恥的。一些所謂的「闊」佬，或者根本沒有錢而裝富的人們，卻總愛譏諷別人有錢不花真小氣、有錢不及時行樂是傻子。在你譏諷別人的同時，有沒有想過你真的很聰明嗎？

將相之簡

晏嬰行儉輔佐齊景公

晏嬰是齊國的名相。齊靈公、莊公、景公三朝，他都在齊國做官，稱得是「三朝元老」，據說晏嬰身材矮小，「長不滿六尺」，貌不出眾，但足智多謀，剛正不阿、廉潔淳樸，盡心竭力輔佐齊國，為齊國的強盛做出了巨大的貢獻。

晏嬰雖身居高位，然而生活卻非常儉樸，甚至到了苛刻的地步。齊王景公多次給他封賞，都被他一一拒絕了。可是景公又十分器重晏子，不忍心看他過著平民一樣清苦的生活。原來，作為相國的晏嬰住著低矮的茅草房。齊王景公過意不去，有一回，景公趁晏嬰出使晉國不在家的時候，背地裡差人給他修建了一所新房。誰知，晏嬰回來知道了原委，二話沒說，差人就把新房子給拆了，並把拆下的木料分給鄰居們建房使用。同時，把那些因為要修他的房子而被迫遷走的鄰居們都給請了回來。景公知道了，雖然有些生氣，但仍執意要繼續給晏嬰建新房，於是把晏嬰召進宮裡，當面對他說：「你不願打擾百姓，那麼我就替你在宮內建造一所房子，我想和你朝夕相處，行嗎？」

晏嬰一聽，急了，說：「古人說，受寵信的大臣要知道自我收斂。您這樣做雖然是想親近我，但我卻因此而整天誠惶誠恐。我一個臣子，怎能與君子朝夕相處呢？不要說別人會怎麼想、怎麼看這件事，我自己也感到不妥，如果您一定要這麼做，那只會使我與您疏遠！」

景公無法強求，只好退一步說：「你的房子靠近鬧市，低潮狹窄，整天吵吵鬧鬧、塵土飛揚，難以居住。我給你換一個乾燥高爽、安靜一點的地方，總可以吧？」

晏子堅決不接受，連忙辭謝，說：「對我的家產，我已經很滿足了；而且，這地方靠近街市，早晚出去都能買到我所要的東西，倒也方便，實在不敢再煩擾鄉鄰而另外再建房子。」

景公聽了，笑著撫其背問：「你長期住在街市邊，一定知道什麼東西貴、什麼東西賤了？」

那時候，景公喜怒無常，濫施刑罰，常常把犯人的腳砍下來，因此市場上專門有賣假腳的，晏子想趁機勸諫景公，便說：「據我所知，假腳的行情日益上漲，而鞋子卻是多得賣不出去了。」

景公滿臉通紅，突然變得十分嚴肅，再不作聲。事實上，這事對景公觸動很大，他思前想後，細細揣摩晏嬰的一番話，頓覺自己錯了，隨即便下令減免刑罰。

晏嬰安居陋室，平時自己不講吃穿、不擺奢華。同時，他還嚴格要求自己的夫人不穿絲綢衣服、不戴昂貴首飾。晏嬰上朝總是「乘敝車駕駑馬」，景公知曉，便派人送新車、駿馬，但連送三趟，晏嬰都未接受。景公很不高興，問為何不收？晏嬰言辭懇切地說：「您讓我統轄百官，我要求他們節衣縮食，以減輕齊國百姓負擔。若君臣奢侈腐化，上行下效，歪風則難禁止。」

後來有個叫有若的人，批評晏嬰為了節儉而破壞了禮制，說：「晏嬰的一件狐皮袍子穿了三十年，也未免過分節儉了些，這麼儉省的人哪裡懂得禮呢？他為了節儉而破壞禮制，這未免太不像話了吧！」

曾子卻稱讚晏嬰，說：「當國家政治不理想的時候，有修養的君子，是不會照搬虛文假套的禮節的。因此，在全國上下都習慣於奢侈和浪費的時候，君子就應該以身作則，做節儉的表率，正確引導大家，從而進一步改善社會風氣。晏嬰不但有謙恭的外貌、高尚的品德，而且身體力行，真是個非常難得的君子啊！」

觸類旁通

晏嬰一生崇尚節儉、反對奢華，過著艱苦的生活。他不僅勸告君主要忍奢行儉樸之風，而且還勸告君主應該減免刑罰，真正的為民辦實事。他言行一致、赤膽忠心，而且智謀超群，因而贏得了景公的尊重和信任。這樣他的建議才能夠得到採納。

艱苦奮鬥、勤儉治國，不是僅僅停留在會議上、文件上或口頭上，而更多的是要落實在每個人的日常行動中，尤其是一些部門的長官們，更要從自身做起。

田稷不貪圖財物

田稷，戰國時期齊國的丞相。他一生廉潔奉公，不貪圖財物，他的母親對其這方面的教育尤其嚴格，為他今後的發展樹立了一面自省之鏡。

有一次，田稷的一位下屬全家得罪了當地的地霸，全家陷入水深火熱之中，處境非常危險。田稷得知此事之後，秉公執法，剷除地霸，合理解決了各種衝突，使這位下屬的全家平安脫險。這位下屬為了表達對丞相的感激之情，於深夜拜訪田稷。

在田稷處，兩人談論了一個多時辰，臨走時，下屬拿出了閃閃發光的黃金硬要塞給田稷。田稷堅決拒絕了，這位下屬非常聰明的說：「丞相，這些都是您應該得的啊！您幫了我們家這麼大的忙，收下是當之無愧的啊！你要是不收的話，我們全家都會無地自容啊！」田稷說：「哪裡哪裡，這些都是我的職責所在。應該的。」但是那位下屬說什麼也不走，兩人僵持了很久。最後，田稷有點心軟，想想這的確是靠自己的努力掙來的，無奈之下，還是接受了這份厚禮。

第二天，田稷原封不動地將兩千兩黃金送到了母親的房間。母親看到這麼多黃澄澄的金子，感到十分奇怪，兩千兩黃金，不是一筆小數目，田稷任丞相之職還不到三年，怎麼有這麼多的俸薪，平常又領了不少的薪水，心裡非常不安。於是她問道：「稷兒，你任職不到三年，俸薪不至於有兩千兩黃金，這些錢財是哪兒來的呀？」

面對母親的質問，田稷只好如實相告。母親聽後，臉色馬上就沉了下來，她說道：「這是不義之財啊！作為一個有知識、有學問的人，應該時刻注意自身的言談舉止。為人處世都不可享受本分以外的好處，是你的就是你的，不是你的不要亂拿啊！如今你竟敢擅用職權接受賄賂，他日你還有什麼事情不敢做的呢？你現在是罪不可恕啊！」田稷聽了母親這番話，深知辜負了母親的一片心意，羞愧難當，連夜帶領幾個僕人，將兩千兩黃金分文不少地送了回去。

田稷一生潔身自重，兢兢業業輔佐朝政，成為歷史上流芳千古、受百姓愛戴的好丞相。

觸類旁通

一個人要想培養自己的高風亮節，首先要做到的就是如果不是屬於我所有的，即使一毫也不能取。要想做到這一點，關鍵在於能夠安分、安貧、安心，本來應該是怎麼樣就怎麼樣，努力做到欲望少、貪得少、求取少。

田稷有母如此，應當很自豪了。正是有這樣偉大的母親，才成就了他一世的英名，流芳千古。社會上也有很多賢內助、優秀的家人，他（她）們同樣具有優秀的品德，他們同樣應該受到人們的敬仰。

姚期教子

東漢初年，有一個著名將軍名叫姚期。他治軍紀律嚴明，英勇善戰、愛軍愛民，深得東漢光武皇帝劉秀的寵愛，被封為安成侯。他的封地內有五千戶封戶，在當時已是富貴至極的賞賜。

由於多年在外南征北戰、風餐露宿，姚期積勞成疾，終於患重病臥床不起。老母親望著病床上奄奄一息的兒子，心裡難過至極，又看看兩個年齡尚小的孫子，禁不住焦急擔憂起來，這以後的日子可怎麼過呢？她淚眼朦朧地對姚期哭訴說：「趁你還在，跟皇帝劉秀說說，讓兩個孩子承襲安成侯爵位可好？這樣我們一家也總算有個寄託啊！」

姚期有兩個兒子，一個名叫姚舟，一個名叫姚統。兩個孩子聰明伶俐、勤奮刻苦，為人正直、作風嚴謹。姚期對他倆十分愛憐，但家教也更加嚴格，從不讓他們依仗門第任意行事。

姚期聽後，緩慢而吃力地對母親說：「這些年來，我們家受朝廷恩待深厚，但為朝廷做事甚少，一想到這些，我就覺得羞愧不已。現在我已經不行了，還在抱恨以後再不能為朝廷出力了，哪裡還想到為兒子們的榮華富貴伸手討要，讓他們去承襲什麼爵位呢？」說著說著，他激動起來，用力抬起一隻手，示意讓兒子到他身邊。兒子知道父親臨終想要說些什麼，便跑過來，握著父親的手，跪在身旁恭聽。

姚期臉都脹紅了，歪著頭對兒子說：「我不行了，你們要自立自重、勤勞節儉，萬不能向國家索要什麼。伸手討要是可恥的！」

兩個孩子都是知書達理的有志之人，也深知父親的為人，不願給父親丟臉，讓父親難過，非常堅決地說：「父親，您放心吧，我們不會讓您失望的。」

姚期聽完之後，嘴角泛起了一縷微笑，然後他閉上了眼睛，安然地逝去了。

觸類旁通

只有勤儉，才能永保廉潔；只有冰清玉潔，才能長久處世。守住了勤儉，就足以風範於人間，風範於世道。如果辛勤，就不缺乏財物；如果儉樸，就知道什麼是節餘；如果勞動，就能夠獲益；如果節約，就能夠常足。這是古人惜福的方法，其中儉樸是首要的。珍惜福分的人，一切事物都要常常思考儉樸的意義。

黃金誠然是寶貴的，但是自立、自重卻比黃金更珍貴。提倡節儉，正確地引導孩子在幼小的心靈種下美好的種子，隨著年齡的增長，這美好的種子就會開出美麗的花朵。

布衣宰相諸葛亮

三國時，諸葛亮為創造廉政奉公的政治氛圍，要求蜀國官員都要以春秋時期孫叔敖為楷模，為官節儉，力戒奢華。他以身作則，不僅始終保持儉樸的生活作風，而且在教育子女方面也堪稱表率。

他結合自己的人生經驗寫成〈誡子書〉。文中告誡其子：品德高尚的人，以寧靜加強自身的修養，以節儉培育良好的品德。不恬淡寡欲，無以明志趣；沒有心境寧靜，就不能實現遠大的理想。學習必須心靜，才幹必須透過學習取得；不學習就無法增長才幹，不立志也不能學有所成。輕浮怠惰就不能精研學問，偏激浮躁就不能陶冶情操。如此則年歲易逝，意志消沉，可悲地困厄在家中，後悔也來不及了。這篇短文中所提出的「淡泊明志，寧靜致遠」的教誨成為千古名言。

文章中特別提到「儉」，認為儉是修身養性所必需的。沒有儉約則德行無從談起，並告誡子女要踏實、勤學，努力成為人才。諸葛亮寫

〈誡子書〉不僅是說教，重要的在於轉化為子女的人生實踐。他指派長子諸葛喬（諸葛瑾次子，因諸葛亮婚後無子，過繼為嗣）率兵在山崖中搬運糧草，以磨練意志；對次子諸葛瞻更是嚴加管束，悉心指教，求其為國效勞。諸葛亮身為丞相，不給後代特權、財物，只要求他們刻苦學習、勤奮工作，這是古代高層官吏廉潔自律的一種崇高品德。

三國時期，蜀國境內刑法嚴峻，但是沒有埋怨的人，很重要的一個原因，是蜀國名相諸葛亮嚴於律己，一身清廉使然。諸葛亮一生安撫百姓，服從權制，開誠佈公。劉備三顧茅廬，諸葛亮深為其所動，之後跟隨劉備征戰南北，奇功屢建。

劉備死後，諸葛亮受任於敗軍之際，奉命於危難之間，蜀國國事，事無巨細，每必親躬。他五次親率大軍，北伐曹魏，與曹魏短兵相接。他嚴格要求子侄輩，不以自己位高權重而特殊對待。他親派侄兒諸葛喬與諸將子弟一起，率兵轉運軍糧於深山險谷之中。

長期以來，一直廢寢忘食、公而忘私，使得自己心力交瘁，積勞成疾，年僅五十四歲便英年早逝。諸葛亮生前，在給後主的一份奏章中，對自己的財產、收入進行了申報：「成都有桑八百株，薄田十五頃，子弟衣食，自有餘饒。至於臣在外任，無別調度，隨身衣食，悉仰於官，不別治生，以長尺寸。如果有一天不幸去世，不會讓自己內沒有剩餘的布帛，外沒有多餘的錢財，辜負陛下的一片心意。」諸葛亮去世後，他的家中幾乎是家徒四壁，空空的一間屋子，情形也確如奏章所說的那樣，可謂內沒有剩餘的布帛，外沒有多餘的錢財。

諸葛亮病危時，留下遺囑，要求把他的遺體安葬在漢中定軍山，喪葬力求節儉簡樸，依山造墳，墓穴切不可求大，只要能容納下一口棺木即可。入殮時，只穿平時的便服，不放任何陪葬品。這就是一代名相諸葛亮死後的最高要求，其高風亮節實在可歌可歎。

觸類旁通

諸葛亮不僅智慧超群，更是賞罰有度；他不僅廉潔奉公，而且嚴以律己、言行合一。因此，才能服眾，才能統率三軍，也才能於危難之中顯身手！

所以，一個人要想建功立業，不僅要有智慧和雄才大略，更需要加強自身的品德修養和世界觀的改造，做到德才兼備，有勇有謀。

蘇綽心如清水

蘇綽，字令綽，武功人，生於北魏太和二十二年。他生長在世代官宦之家，家庭環境優越，從小受到良好的教育，養成了勤學好問的習慣。他博覽群書、研讀歷史，尤其對歷代興亡盛衰之事瞭若指掌，從小就樹立了振興天下的遠大的理想抱負。

北魏永熙年的一天，京都長安城外，丞相宇文泰正在為新任汾州刺史蘇讓設宴餞行。觥籌交錯之餘，宇文泰問蘇讓：「你家的子弟中，誰可任用者？」蘇讓轉身向身後眾兄弟中的一人指曰：「能輔佐丞相成就大業的人就是他啊！」被蘇讓所指的人，就是他的堂弟，後來成為西魏重要謀臣的蘇綽。

經堂兄推薦給宇文泰後，蘇綽最初被任為行臺郎中一職。在他任職的一年中，勤奮盡職，充分顯示了自己的學識和才華。一天，宇文泰帶了一群官吏去昆明池捕魚觀景，路過西漢舊宮的倉池。宇文泰問隨從這是什麼地方、有什麼古蹟？隨行的官吏都回答不上來，唯獨蘇綽滔滔不絕地介紹了倉池的歷史典故。宇文泰聽後非常高興，和蘇綽並馬而行，又問了許多歷史興亡盛衰的故事，蘇綽對答如流。宇文泰聽得入神，到了昆明池又勒馬回城，把捕魚的事忘得一乾二淨。

回府後，宇文泰和蘇綽繼續長談，不斷向蘇綽提出各種問題。蘇綽思維機敏、才華橫溢，談古論今，宇文泰越聽越有所悟，對蘇綽更加賞識。第二天，宇文泰奏請西魏文帝任命蘇綽為大行臺左丞，也就是相當於丞相地位的一個官職。從此以後，蘇綽幫助宇文泰處理各種政務，對宇文泰的各項創新性改革，獻計獻策，竭盡智謀。

自從蘇綽入朝以後，官越做越大，地位越來越高，可是他一直保持著儉樸的生活作風，從不為自己謀置田產宅第，也不仗勢搜刮錢財。他常說：「天下還沒有安定，自己的責任還沒有盡到，應當好好盡職。」

蘇綽不僅嚴於律己，還十分注意對子女的教育，形成了清正廉潔、勤儉節約的家風。他的兒子蘇威，後來成為隋朝的重臣，卻與他父親一樣，生活儉樸，不求奢侈，在當時也以廉潔著稱。

在任職期間，官場風氣腐敗，不少官員營私舞弊、行賄受賄、包攬訴訟、勒索錢財、胡作非為。蘇綽「以天下為己任」，懷著一顆憂國憂民的心，勤勤奮奮地履行著自己的職責。

西元五四六年，年僅四十九歲的蘇綽英年早逝。蘇綽的逝世，使宇文泰和大臣們十分痛惜。他生前意願要從儉薄葬，宇文泰親自為蘇綽撰寫祭文，表彰他的美德。

觸類旁通

「心如清水，形如白玉」，是蘇綽修身處世的準則。

一個人要想真正獲得心的寧靜，就需要活出生命的意義，懂得付出，知道感恩。當一個人在為社會做貢獻的時候，他是付出了，可能當時並沒有得到任何實際的回報，但是從另外一個角度來看，社會提供給你了一次次鍛鍊成長的機會，等到時機成熟的時候，社會會以獨特的方式回報你的。到那個時候，你所收穫的可能是社會的認可，是人民的尊重，是精神的洗禮，這些要比單純的物質回報珍貴的多。

陶侃惜食如金

晉代著名大將軍陶侃，年幼喪父，家貧無所依託，陶侃的母親湛氏只好攜陶侃由鄱陽回外祖父家。陶母即以紡織謀生養子，供陶侃讀書。湛氏家教嚴謹，教子惜陰讀書，樹建功立業之志，還以忠順勤儉為美德薰陶其子。為此，小小陶侃總以清貧為樂，發憤進取，自幼伴母夜織而讀書，聞雞鳴而勞作。因此，陶侃讀書萬卷、精通兵法，被其父好友太守范逵薦為縣令，直至任長吏、太尉、都督大將軍，封長沙郡公，為國為民，清正廉潔。

陶侃為縣令時，曾送一罈乾魚給母親，湛氏收到後，立即書信一封，連同一罈乾魚，命其來差帶走，退回乾魚。信中義正辭嚴斥責兒子，告誡他不可受別人之禮，應如數退還其人。有一次，正值下大雪，范逵騎馬來訪陶侃。湛氏見家中無草餵馬，便從床上抽下臥墊禾草，切碎餵馬；又悄悄把頭上的長髮剪下賣給店人，換回酒菜，熱情款待客人。范逵聽街坊鄰人道出真情後，讚歎說：「沒有這樣的母親，教育不出這樣的孩子啊！」

他在廣州任刺史時，他的幾個部下以清談、喝酒、賭博之類耽誤了公事，他知道後就命人將酒器、賭具收繳上來，全部投到長江中，並教育下屬說：「賭博這東西，那些放豬的才去玩它！正派的人應端正自己的儀表，勤勞簡樸，怎麼能喝酒、賭博以為曠達呢！」

有一次，陶侃到郊外遊覽，路上看到一個人拿著一把還未成熟的稻穗，就停馬詢問：「拔取這些東西幹什麼？」那人回答：「走在路上看見它，隨手玩玩罷了。」陶佩聽了不由大怒：「你自己不耕種土地，為什麼還要隨便糟蹋別人的莊稼！」命手下軍士將那人摁倒在地，狠抽了一頓鞭子。由於陶侃重視農耕，在他的管地，百姓都勤於務農，家給人足。

陶侃任征西大將時，軍府造船，他看到工人將木屑和竹頭都扔到江中，感到可惜，便叫人把這些雜物登記後貯存起來。眾人不知道保存這些廢物有什麼用處。後來，碰上正月初一集會，雪後天晴，積雪融化，軍府門前路滑不便行走，於是命人用木屑鋪地，以防眾人跌倒。又隔了不久，安西將軍桓溫準備攻打西蜀的李勢，急需趕製一批戰船，陶侃又命人把貯存的竹頭拿出來，供造船時作竹釘用。這時大家才知道陶侃收藏這些東西的用意。

陶侃還時常告誡部屬：「活在世上沒有對社會做出貢獻，死去以後也沒有留下美好的名聲，這等於是糟蹋自己！」所以，他在軍中四十一年，精明果敢，處事細緻周密，深受眾人愛戴。

觸類旁通

「一粥一飯，當思來處不易；半絲半縷，恒念物力維艱。」意思是說，即使是一頓粥、一頓飯，也應當想到它來得不容易；即使是半根絲、半根線，也要想到工作的艱辛。

節儉，作為中華民族的傳統美德，它首先是尊重勞動和從事勞動的人。我們的食物和衣裳，都來之不易，要透過種植者、烹飪者、紡織者的許多勞動生產出來，不能輕易浪費。

王羆節儉

王羆是北朝京兆霸城人，家裡世代都是州郡的豪族。王羆性格耿直剛強、處事公平，鄉裡人都很敬畏他。他為政清廉、嫉惡如仇、勤於公事，雍州刺史崔亮很欣賞他，後來崔亮轉任定州刺史，想舉薦王羆為長史，未獲批准。後來，梁朝侵犯硤石，崔亮為都督南討，再次啟奏王羆為長史，朝廷見崔亮屢次舉薦王羆，知其必有可用之處，便予批准。

王羆果然不負眾望，帶領精銳部隊攻克硤石，立下大功。南岐州和東益州的羌人、氐人叛亂，兇猛善戰，北魏軍隊屢次征剿都沒有成功，朝廷令王羆帶領五千名羽林軍坐鎮梁州，指揮平叛，順利討平叛賊，因功升為右將軍、西河內史。西河是富饒之地，其他人都求之不得，王羆卻固辭不受。別人都很奇怪，問他說：「西河地域廣大、俸祿優厚，你為什麼不願去上任呢？」

王羆說：「現在洛陽的好木材，都是出自西河，我如果在西河，達官顯貴們建造住宅，所需木材必定要求我辦理。私下裡採辦，我的能力不足，如果向百姓征索，肯定違背法律，所以還是不去的好。」

西魏初期，關中一帶因戰亂初定，生產還沒有完全恢復，官府徵收百姓糧食以備軍用，如有隱匿不交，便加重處罰。百姓本無多少餘糧，官府催逼又急，於是紛紛逃亡。但是，王羆管轄的地區卻是另一番景象。王羆體察民情，為民著想，百姓也都心甘情願上交軍糧。

王羆性格直率，不修邊幅，朝廷常有使者來。有一次，王羆招待吃飯，有位使者拿起一張大餅，掰去餅邊緣比較硬厚的部分，只吃中間鬆軟的餅瓤，王羆見了非常不滿，說道：「耕地收穫已經讓農民很辛苦了，做飯又花了許多的功夫。你這樣挑挑揀揀，恐怕是一點兒也不餓吧！」於是，就命人把飯撤下去。使者十分驚訝，尷尬萬分。

還有一次，王羆與客人一起吃瓜，客人削瓜皮時帶下的瓜瓤稍厚了一點兒，王羆很不樂意，不顧及別人怎麼看，撿起瓜皮就啃了起來。客人沒有想到王羆竟會如此節儉，非常慚愧地離去。

如果有吏者向他謀私利的，王羆等不及用杖責，順手拿起鞋子就向吏者打去，性格就是如此的急躁。每次賞賜將士，他都親自秤量酒肉，分給大家。有人對這種做法很看不上眼，王羆仍然我行我素。他的孫子王述由於父母早亡，也交由王羆撫養。王述從小就聰明、有見識，宇文泰看見王述後非常驚訝的說：「王公有此孫，足為不朽。」王羆沒能不朽，最終死於任上。身死之日，家裡一貧如洗。當時人都佩服他的清廉。

觸類旁通

王羆在亂世之中能保持一種清廉、節儉的品格，尤為不易；尤其其面對權貴仍然表現出一種大無畏的精神，更是可貴。他身為國家重臣、中流砥柱，在生活方面的一點一滴仍然能保持克儉，不但是中華的傳統美德，節儉的完美體現，更是身為一個官員，對廣大勞動人民發自內心的尊重。

王羆明白每一分錢都來之不易，浪費是一種對自己的勞動，也是對他人的勞動的不負責任。財富是由一點一滴積累起來的，無論何時都要勤儉節約，這樣才能積累更多的財富。這些在現今物質豐富的社會仍然是有積極意義的。

長孫道生毀宅

北魏建國之初，文武百官都不享有俸祿。因此，朝野上下，貪汙之風盛行，各級官員都利用收受賄賂來發家致富。至於貴族將相，修築高堂深院，出則華服駿馬，入則婢女如雲，更被人視為平常之事。

長孫道生是北魏鮮卑族著名將領，名動一時。他以忠厚廉潔、辦事周密謹慎、作戰勇敢，而備受北魏三代皇帝拓拔珪、拓拔嗣、拓拔燾的重用，甚至官至冀州刺史、司空，並進封上覺王，這在當時已是很高的榮耀，擁有很大的權力，他理應過上當時那種奢華、高貴的生活。

然而長孫道生在當時這種奢靡之風中，卻獨能廉潔自律。他雖官居三司，但生活儉樸，衣服從不佩帶華美的飾物，當時流行佩戴的金玉之類他也從來不用，每餐也只有幾盤素菜，只有在遇上多年好友或節日才改善一下，加上一兩個好菜。他騎的馬是很普通的馬，佩具也是極簡單的材料，一副用熊皮做墊子的墊在馬鞍下，由於長時間的磨損，熊皮上面附著的毛已經快掉光了，露出皮子來，很是難看；垂於馬背兩旁的「鄣泥」，用了數十年也未更換。很多人對他說：「你已位居三司，一人之下，萬人之上。何必這麼節儉度日呢？」長孫道生總說：「國家初建，百廢待興，我身居高位，理應以簡樸為眾人表率。」

長孫道生的府第，矮小簡陋，與朱門連街的那些華宅美院相比，簡直就如同一個僅能存身的破廟。他的兒子幾次想加以修繕擴建，長孫道生都堅決地加以阻止。後來，他的兒子趁長孫道生領兵在外征戰討伐之機，對原有住宅進行了修繕，並興建了四周帶有廊屋的堂廡和高大華美的門樓。長孫道生勝利歸來之後，看到修建後的府第，十分生氣，憤怒的對兒子說：「過去霍去病因為匈奴未滅，認為即使把家經營得再好也沒有用處。現在強敵仍然仍遊蕩在大漠之北，不時南侵，我怎麼能安居這華美的家中享福呢！」說完，就動用家法，嚴厲地懲罰了兒子，並拆毀了新建的堂廡和門樓。

觸類旁通

金錢和房屋只能提供物質上的享受，對我們更重要的是精神文明和社會公德，這不但是整個國家、社會需要這樣，對家庭、對個人也需要如此。有道德觀念的社會，有愛心、有公德心的人群，比什麼都重要。只有把社會道德問題搞好，大家才能夠談得上安居樂業，才能享受到真正的幸福。不少現代青年人都以為艱苦奮鬥、勤儉節約是不合時宜的落伍思想，一味好高騖遠，不肯腳踏實地，這就曲解了道德的本質，是一個非常令人痛惜的怪現象。

燒餅尚書劉晏

唐肅宗上元年時，劉晏任戶部尚書，兼領度支、轉運、鹽鐵、鑄錢等使，開始管理全國財政要務。劉晏自幼聰慧好學、才氣過人，被稱之為「神童」。他初入仕途，曾做過縣令，非常關心民情和地方政務。

劉晏出任「財臣」之時，唐朝朝廷已經開始腐敗，國庫入不敷出，他可說是受命於危難之時，職責重大。他既要增加國庫收入，保證朝廷的巨額開支，同時又不能過分加重百姓的負擔，以免引起民怨民憤。為此，他絞盡腦汁，多方權衡，惟求兩全其美。他十分重視稅務官吏的任用，極力主張將德才兼備、精明強幹、清廉自重的人選拔為稅務官吏。同時，他還嚴懲貪贓枉法、損公肥私之徒，毫不手軟。在他的嚴格管理下，那時的稅務官員大多能廉潔奉公。稅收管理制度逐步健全起來，有效地防範了貪汙犯罪在當時的盛行。

主持財經事務是一項肥差，在唐朝政風日壞的當時，只要劉晏對自己的要求稍微一有放鬆，則他私人所能聚斂的財富便可想而知。但是，劉晏為官不僅光明磊落、秉公無私，而且治家極其節儉，從不因為自己官高祿厚，就允許家人有絲毫奢侈浪費。他住的宅第矮小簡陋：一間廳堂，內有粗木桌椅。不掛任何字畫，更沒有古玩珍奇等擺設。臥室之內，更不見錦帳繡被。他的夫人李氏經常穿的是粗衣布裙，也沒有什麼精美首飾和裝飾品，平時出門的穿戴就像個婢女。

劉晏每次上朝，路過一家燒餅鋪子時，馬車總要停在鋪子門前，命車夫到鋪子去買幾個燒餅充飢。當車夫把滾燙的燒餅買來時，劉晏摘下帽子把燒餅一兜，然後大口大口地吃起來。邊吃邊說：「好吃，好吃，真是天下美味！」他的車夫見主人總是這樣，就對他說：「大人一直這樣做，和販夫走卒混在一起，長期下去會被別的官員嘲笑的。」可是劉晏從來不以為然，仍然每天照吃不誤。於是果然有官員笑話他，他聽到後反倒勸這些人不妨嚐嚐，說味道好著呢！

他常說：「居住但求安全，不必講究第宅的富麗；飲食但求飽適，不必講究菜肴的豐盛；騎馬但求穩健，不必講究毛色的漂亮。節儉是美德，一個人如果丟失了這個，那才是真的沒有了身分呢！」因此後來，劉晏被人稱為「燒餅尚書」。

劉晏對自己儉省，待人卻厚道，對窮困親友，常常不惜錢財予以周濟。一些不知名的窮書生就常常得到他的資助，窮親友就更不用說了。一次，他到一個親戚家裡去串門，發現那家沒有門簾擋風，便叫人暗暗記下了門的尺寸；不久，那家親戚就收到了一副嶄新的門簾。像這樣一類的事例，對劉晏來說是再平常不過了。

劉晏為天下人辦了多少實惠，他的為人使滿朝文武官員欽佩不已。他死以後，他的政敵去抄他的家，結果發現劉晏的全部家產竟是「雜書兩車，米麥數石」。

觸類旁通

如今的社會複雜，為官可謂考驗頗多。在各種糖衣炮彈之下，做官容易，做人難矣。如何能夠保持自己的良知、如何保持自己的品行、如何保持自己出淤泥而不染，是為官之人所面臨的最大考驗。

劉晏的故事不在於燒餅本身，而在於其的修行。燒餅反映的是劉晏的清正廉明，反映的是劉晏的為官之道。

【原來如此講典故】

貪贓枉法

【解釋】贓，贓物；枉，歪曲，破壞。指貪汙受賄，破壞法紀。

【出處】無名氏．陳州糶米．第二折：「誰想那兩個到的陳州，貪贓壞法飲酒非為。」

名士之簡

顏回安貧樂道

顏回是孔子最得意的學生，比孔子小三十歲。在孔子的學生中，顏回一心向學，安貧樂道，視富貴如浮雲。因此，深得孔子厚愛。一次，當著眾弟子的面，孔子讚美顏回道：「多賢達的顏回呀！一簞食，一瓢飲，在陋巷，人不堪其憂，回也不改其樂。多賢達的顏回啊！」

顏回的賢達曠遠，在孔門弟子中確是出了名的。顏回住在簡陋而破爛的小巷子裡，環境嘈雜而骯髒；每餐飲食，他只要一小筐粗糙的米飯，一瓢冷水，就滿足了。這種簡樸寒磣的生活，對於別人來說，簡直就是受罪，是無法忍受的！可是顏回卻安之若素，不以為苦，一如既往地樂在其中。始終不改其求學的決心，篤誠勵志，不改其節。顏回安貧樂道的品德，成為眾人美談，成為人們茶餘飯後教育後輩的典範。

孔子還特別賞識顏回的求學精神及處世態度。顏回因對某事不滿而發脾氣的時候，他發怒從不過分，而是適可而止；每當他知道自己犯了錯誤，就會立即改正，而且以後永不再犯相同的錯誤！每次聽孔子講學時，他總是來得最早，坐在最前面，豎耳傾聽；對孔子的教誨，總是一句不漏地銘記在心。回到家後，便以孔子所教的學識和要求，與自己的品行進行對照，然後找出存在的不足，再以仁義為標準，修正自己的行為，指導自己的思想。所以，孔子不止一次在其他弟子面前誇顏回說：「吾見其進也，未見其止也。」顏回的學識總是不斷進步，而非止步不前。

其實，孔子本人也能安貧樂道，故能在學問上有大成就。他把真理視得比生命還重要。孔子曾滿懷期望，想讓顏回成為他學說的繼承人。

顏回所「樂」的道，是他的老師孔子的儒家學說。顏回為人極其聰明，他對於孔子所講的道理，總是一聽就懂；因此，他以他的聰明，也獲得孔子的讚譽。孔子說顏回不是善於幫助自己的人，而是對於自己的話沒有不理解的人。

可惜，顏回早死，死時年方二十九。顏回待孔子如父親，孔子視顏回如子女，故顏回死時，孔子哭得很傷心，說：「噫！天喪啊！天喪啊！」在孔子七十二高徒中，顏回的品德與學識位居首位，後人朝拜孔子時，每每把顏回和孔子並列而拜。

觸類旁通

顏回何以能夠在別人無法忍受的生活環境中生活得無憂無慮，讓人敬仰呢？關鍵在於心中有一個「道」字。只有安貧，才能樂道；只有樂道，才能安貧。

每個人都應該有自己的信仰和追求，為了心中的理想而執著奮鬥，理解生活，感恩生命。當遇到困難和挫折的時候，能夠胸襟坦蕩，以開放的心態看待問題，隱忍克制，不怨天尤人，也不胡亂發洩。

王充棄官安貧

王充小的時候來到京師，在太學讀書和學習，拜班彪為師，愛好博覽群書，但不喜歡遵守古文的章句。歷任縣、郡功曹，州從事、治中等職，但是王充做事不考慮上司的看法，堅持己見，數次與上級發生爭執，彼此不合。因此，王充心裡非常不痛快，僵持了一段時間，與上司的關係仍然沒有什麼改善，王充憤憤不平，便棄官歸里。從此閉門讀書，謝絕一切世俗的禮儀，潛心研究學問。

他一生盡力於反對宗教神祕主義和目的論，捍衛和發展了古代唯物主義。他撰寫《論衡》八十五篇，二十餘萬言，釋物類同異，正時俗嫌疑，他認為物質性的「元氣」是構成天地萬物的基本元素，天地合氣而產生萬物，不存在有意志的創造者。自然界的「災異」是「氣」變化的結果，與人事無關。人的生命和精神也以「精氣」作為物質基礎，根本沒有脫離物質形態而獨立存在的靈魂。他否認天有意志，認為天只是一種自然的存在，打雷下雨是自然現象，用不著大驚小怪，針鋒相對地批判了董仲舒「天人相應」思想；還批判迷信鬼神的思想，駁斥統治者的迷信謊言。

王充家境貧窮。王充在上虞生活的時候，貧窮到沒有一畝田可以庇身，卑賤到沒有斗石的俸祿。王充能安於貧賤，故棄官著作，性情淡泊，不貪圖富貴。他擔憂的是德行不足，而不是擔憂爵位低；感到恥辱的是名聲不清白，而不是怨官職得不到擢升。他又說：「窮得連蔽身之處沒有，心情比王公還舒暢；賤得連斗石的俸祿也沒有，而心情有如吃萬鍾的高俸祿的人一樣感到滿足。處逸樂卻不縱欲，居貧苦仍保持節操。」那麼，王充孜孜以求的是什麼呢？他說：「博覽古典書籍，喜聽有獨立思想的異言；流行世俗之論，多屬謬誤，於是要深居簡出，考論其真偽。」

觸類旁通

以現代的眼光來看，王充是與世「格格不入」的。他不願與上司「同流合汙」，寧可放棄爵位，也要堅持自己的原則，雖然仕途不順，卻保住了自己思想和行動的自由。

人們為了某種理想，可以放棄功名利祿，這是一種境界、一種追求。

陶淵明不為五斗米折腰

東晉末年，社會動盪不安，尋陽柴桑地區有一個著名的詩人，名叫陶潛，又叫陶淵明，因為看不慣當時政治黑暗、官場腐敗、親人離亂的殘酷現象，對現實感到厭惡和絕望，於是決心不與統治者同流合汙，在此隱居。

陶淵明的曾祖父是東晉名將陶侃，雖然做過大官，但不是士族大地主，到了陶淵明一代，家境已經很貧寒了。

陶淵明性情恬淡，很少說話，不貪圖榮譽利祿。愛好讀書，卻不拘泥於字句，每當有些心得體會的時候，就會高興地忘記吃飯。生性喜歡喝酒，但是家境貧寒不能經常得到。親戚朋友知道他的情形之後，有時準備了酒宴請他。他去喝的時候總是非要喝醉不可，醉了之後就自動退席，一點也不在意其他人的看法。家徒四壁，不能遮風避雨，身上穿著粗布短衣破爛不堪，家中經常缺東少西，缸中空缺沒有米粒成為司空見慣的事情，但他卻安然自得。經常寫寫文章自尋樂趣，也能很好地展示自己的志向，從不把得失放在心上。他的家門前有五株柳樹，他給自己起個別號，叫五柳先生。

後來，陶淵明越來越窮了，靠自己耕種田地，也養活不起一家老少。親戚朋友勸他出去謀一官半職，他沒有辦法只好答應了。當地官府聽說陶淵明是個名將後代，又有文才，就推薦他在劉裕手下做了個參軍。但是過不了多少日子，當時的官員之間互相傾軋、勾心鬥角，陶淵明就對親戚朋友說：「我想出任地方官，用來供養家庭生活費用，可以嗎？」一當權的知道了他的心思，就任命他為彭澤縣令。

在他當縣令期間，吩咐下屬在官府的田地裡全都種上秫稻，妻子堅決請他種粳稻，他才讓兩頃五十畝地種秫，五十畝地種粳稻。

有一天，郡裡派了一名督郵到彭澤視察。縣裡的小吏聽到這個消息，連忙向陶淵明報告。陶淵明正在他的內室裡吟詩，一聽到來了督郵，十分掃興，只好勉強放下詩卷，準備跟小吏一起去見督郵。

小吏一看他身上穿的還是便服，吃驚地說：「督郵來了，您該換上官服、束上帶子去拜見才好，怎麼能穿著便服去呢？」

陶淵明向來看不慣那些仗勢凌人、作威作福的督郵，一聽小吏說還要穿起官服行拜見禮，更受不了這種屈辱。他歎了口氣說：「我可不願為了這五斗米的薪俸，去向那種小人打躬作揖！」說著，他也不去見督郵，索性把身上的官印解下來交給小吏，辭職不幹了。

陶淵明回到柴桑老家，覺得這個亂糟糟的局面跟自己的志趣、理想距離得太遠了。從那以後，他下決心隱居過日子，空下來就寫了許多詩歌文章，來抒發自己的心情。

陶淵明寫過一篇非常有名的文章，叫做〈桃花源記〉。在那篇文章裡，他寫了武陵地方的一個漁人，有一次，沿著小溪划船打魚，來到了一座繁花如錦、蜂蝶成群的桃樹林。漁人被眼前的景色吸引住了，划著船繼續再往前走，到了樹林盡頭，突然發現那裡有一個小洞。他丟下船，順著洞口摸進去，開始的時候很狹窄，走了一段，豁然開朗，原來洞裡有一個很大的村子。那裡土地肥沃、桑木成行，男女老幼，勤奮勞動，過著無憂無慮的田園生活。大家看到漁夫是個陌生客人，都熱情地邀請他喝酒吃飯。漁夫跟大家聊起天來，才知道那村子裡的人的前輩還是秦朝末年避難到這兒來的。他們根本不知道秦以後還有漢朝，更不用說有什麼魏、晉了。

漁人在那裡住了幾天，告別回家。他在回家路上，做了好多標記，準備下一次再去拜訪。回到武陵，他報告了太守。太守也很感興趣，派人跟著漁人去找桃花林。奇怪的是，無論如何，再也找不到那個洞口了。

陶淵明寫的那個世外桃源，在當時的社會裡是不會有的。但是他在文章裡描繪的那種人人勞動，個個過著富裕、安定生活的圖景，反映了在當時黑暗動盪時代的人民的一種美好願望。所以〈桃花源記〉這篇文章，後來一直被人們所喜愛。

觸類旁通

晉代，政治汙濁、官員腐敗，官場逢迎成風。陶淵明藐視權貴，不為五斗米折腰，辭去縣官，充分顯示了他清高、有骨氣、不同流合汙的節操，不為名利奔走逢迎。「清風明月不用一錢買」，對於能夠從大自然中獲得樂趣的人來說，一種簡樸和寧靜的生活就能使他們心滿意足。人是社會動物，但人又是自然之子。人養心，首先要讓自己回歸自然，以平和的心態沖淡社會給予的異化。即使工作照舊、繁忙照舊，也要常常回到自然中去，讓自然洗去你的煩惱和勞累，給予你前進的力量和精神！

杜黃裳一身清白

杜黃裳，字遵素，京兆萬年人。唐代宗寶應元年，二十四歲考取進士，進入仕途。貞元元年入京為侍御史，永貞元年晉升為太常卿。

由於杜黃裳為官清正、律身清白、秉公執法、恬淡豁達，善於結交有志之士。才思敏銳，對事物有深刻的洞察和理解。因此，朝廷上下的人都很敬重他，連皇上也對他敬重三分，經常向他詢問和交流一些問題。一天，憲宗皇帝問杜黃裳古代帝王治亂之法。杜黃裳答道：「委任官員，應該賞罰分明、誠信待人；同時，皇上自己也要修身養性，善於選擇賢才。」憲宗聽了大為讚賞，就按照杜黃裳的方法任用人才。由於憲宗任用得人，事權統一，才能平夏、剪齊、滅蔡、復兩河，捷報連連，使關內人民得到安息。因此，杜黃裳就成了朝廷倚重的紅人，朝中各勢力紛紛拉攏他。

當時有個和他職位相當的李師古，倚仗有過戰功，在朝中飛揚跋扈，十分強橫。為了籠絡杜黃裳，藉以擴充自己的力量，多次宴請杜黃裳。但杜黃裳廉潔奉公，從不畏強權，每次的宴請都被拒絕了。無論如何，每次都不能把禮送進杜府去，只得抬著禮物照原路返回去了。

有一次，杜黃裳出嫁的女兒偶感風寒，突然病倒，十分想念母親。女婿來向岳父母稟告，杜黃裳心疼女兒，便催促妻子張氏前往。臨行時，女婿看見岳母穿著那身破舊的衣衫，說：「岳母輕易不出門，還是換身鮮亮的衣服好。」張氏拍拍衣衫說：「不用，這不是挺好嗎！」接著，張氏便喊丫頭備轎。

女婿見岳母乘坐的轎子破爛不堪，急忙說道：「我已帶了轎子來了。」杜黃裳一聽就火了，說：「我家有轎，你還要帶轎來，這到底是什麼意思？」女婿低下頭，喃喃地辯解說：「岳父身居高職，出門總得講點體面。」杜黃裳一臉怒氣，催著轎夫起轎。

來到大門口，他大聲地訓斥女婿道：「今年正是大災之年，田裡顆粒不收，老百姓整日為生計擔憂，無衣無食。做官的卻整天花天酒地，難道這就是為官之道嗎？我杜黃裳節衣縮食，這難道就是不體面嗎？我杜家乘坐的這頂破轎，正是為了向世人表明我杜黃裳為官清正的決心，這又有什麼見不得人的呢？為人處世，絕不可見利忘義，你什麼時候都別忘了我杜家的家風！」女婿被杜黃裳說得面紅耳赤，低下了頭。

觸類旁通

所謂大事，是從生活中的細微小事中積累而來；所謂好官，是從為人處世的點滴中形成而來。杜黃裳不僅嚴格的要求自己，而且對夫人、女婿都是嚴格的要求；不僅是為官的廉潔，而且在自己的生活中也是樸素至極。

做人，如果在每一個做事的細節上嚴格克制自己的貪欲，那麼一定可以成大事；做官，如果在每一個工作、生活的細節上都保持清正廉明，也必能成為一個人人稱讚的好官，必能為官長久。

原來，

人情的養成

靠得是才情

帝王之才

趙佶評畫

宋徽宗趙佶，作為一個政治史上的統治者，他是失敗到家、糟糕頂透的，不但弄得國破家亡，最後自己也客死異鄉。可是，作為一個書畫家、詞人，他卻足可以在書畫史上留下一筆。他不但自己在書法和繪畫上造詣很高，而且對這些繪畫作品鑑賞力也很高。

大約在一一一二年前後，宋徽宗趙佶叫了一些能工巧匠給他蓋了一座別致新穎的宮殿，叫龍德宮。宮殿落成以後，為了把宮殿裝飾得更為富麗堂皇，他就下旨讓畫院的畫家們在牆壁上、屏風上作畫。畫院裡的畫家們都是經過趙佶親自挑選的，技藝當然十分高超，因此沒幾天就完成了所有的工程。

為了查看畫家們的作品，一天，趙佶來到了龍德宮。畫家們都希望這個有很高的藝術鑑賞力的皇帝，能對自己的作品表示讚賞，就都跟在徽宗後面。趙佶進宮後，一幅一幅地把畫看過去，始終沒有對哪一幅畫表示讚賞，只是到了壺中殿前面的柱廊拱眼下，才望著畫上的一枝月季花問：「這是誰畫的？」畫家們被問的有些莫名其妙，因為這枝月季花是一個剛進畫院的少年畫的，而且照他們看來，這枝月季也沒什麼奇特巧妙之處。但是皇上問起來了，還是恭敬地回答了。趙佶點點頭說：「百花之中，只有月季花自古以來很少有人畫它。因為這種花每月只開一次，而且一年四季以及在黃昏和清晨，它的花瓣、花蕊、花葉的形狀和顏色都會發生變化。因此，畫月季花是很難掌握好的。這位少年知難而進，敢於畫這種花，而且畫的是春季正午時分盛開的月季，那嬌美的形態、紅中帶紫的色調和真花相一致。我很喜歡他有這種膽識和技能，所以要特別的賞賜他。」聽了趙佶這番話，在場的畫家們都覺得有理，這才對這畫和畫的作者表示敬服。

又有一年，宣和殿前栽的荔枝樹，以它的繁密、透紅的果實召來了一隻孔雀。開屏的孔雀和紅豔的荔枝配在一起，構成一幅優美的圖畫。趙佶此時正好在宣和殿，見到這樣的情景，就趕忙把畫院的畫師們召集過來，讓他們把這難得的景致畫下來。

畫師們趕來了，正忙著鋪紙調墨，待他們正要著筆時，那隻不解人意的孔雀卻收屏起飛了。因此畫家們只畫下了孔雀在荔枝樹下翩然起飛的那一瞬間的神態。最後趙佶把所有的畫都拿過來看，以便選出其中最出色的作品加以表彰。但是他失望了，沒有一幅畫能看中。後來他的近臣問他，是不是不喜歡畫孔雀起飛時的形狀，他說：「不是的，是他們沒有一個畫像了的。孔雀這鳥飛起時總是先起腳，一般是先舉左足，而他們都畫成了先舉右足，非常荒謬。」

觸類旁通

評點需要相當深厚的功力，要想評得一針見血、聲色並備，那就更得見識卓著、知識豐富。因為評點不但是和作品的作者一樣要瞭解作品，還要站得比作者還高遠，看得出其中的瑕疵和欠缺。

趙佶可謂是畫中高手，他不但自己的畫畫得極為獨到，在中國書畫史上占有一席之地，更能獨到的鑑賞畫之優劣。尤其是能見人之所不見、查人之所不查，可謂高矣。

將相之才

蔡邕聽音辨事

漢代大文學家蔡邕不僅在漢賦史傳上有很高的成就，音樂的造詣也十分高超。尤其是他在琴的演奏和感悟能力更是超群。

在樂器史上十分有名的「焦尾琴」，就是在蔡邕手中誕生，這和他超絕的辨音能力密不可分。相傳，有一次蔡邕因公幹來到吳越之地，這裡一向盛產上好的桐木，是出產好琴的地方。對琴愛之癡迷的蔡邕，自然不會放過這麼個能尋覓好琴的機會。可是幾天下來，他去過了好幾家極有名氣的製琴作坊，雖然其中都有上乘之作，但是都不是蔡邕希望的那種。所有的琴木還是過於一般，眼看著他就要返回京城，蔡邕很遺憾地認為自己這次吳地之行恐怕要空手而回了。

就在蔡邕準備啟程回京的前一天，他閒來無事，又信步在江邊散步，不知不覺間走到一個靠著江邊的小漁村。蔡邕覺得走得累了，就在村邊一家小茶肆裡要了些茶水。茶肆條件簡陋，店家煮水的爐灶就在草棚外不遠處，這樣從江中取水倒也方便。這會兒，店中的小夥計正在往爐灶中添些桐木來燒水。蔡邕一邊休息一邊喝茶，忽然聽到順風傳來極為清脆的木材爆裂聲，蔡邕立刻站起來循聲望去，原來就是被小夥計塞進爐灶的一大塊桐木，剛剛燃著發出的響聲。蔡邕馬上跑過去，把那塊桐木從火中拽出來，又抓過旁邊的水桶，澆滅已經燒著的一端。小夥計被這位穿著儒雅的老先生的舉動弄糊塗了，直到看到爐膛裡沒了柴火，才一把抓住蔡邕：「你、你做什麼？我這是燒水用的柴，你看你這麼一來，我的火都要滅了！」蔡邕趕忙拱手一揖，解釋說：「這位小兄弟，真是對不住了！只不過這實在是一塊不可多得的上好琴木，就這樣燒掉了，著實可惜。老夫也是一時救它性急，沒能先告知一下。啊！這會兒快放些柴進去，還來得急吧。小兄弟，這塊木頭就賣給我吧！」

小夥計直覺得這老先生說起話來完全不著邊際，不就是一塊形狀不整、什麼都幹不了的破木頭嗎？都被人丟來燒火了，他倒寶貝得什麼是的。於是，小夥計先在爐灶裡丟了些乾草，然後又加進柴火，看著火又漸漸旺起來了，才對蔡邕說：「唉，先生，那不就是一塊沒什麼用的木頭嗎？您看它形狀古怪，既不能做門，也不能做樑，更別提做傢俱了，您倒是當它寶貝一樣。算啦，反正是燒也燒了，您既然想要，就送您好了。」蔡邕連聲道謝，趕忙把這塊木頭帶到了製琴作坊。製成後果然音色美妙，是難得的好琴。不過，琴尾還有點焦痕，於是人們就乾脆叫它「焦尾琴」了。

還有一次，蔡邕在家鄉陳留閒居，鄰人準備了酒食要好好招待一下久未還鄉的蔡邕，還說要和他一起探討琴藝。可是蔡邕被事情纏住，等他到了鄰居家裡，酒宴已經開始。大家喝得十分歡暢，這時還有個喜好彈琴的客人在屏風後面彈起了琴，以助酒興。蔡邕走到門外，聽見琴聲，就習慣性的停下來聽琴。可是他越聽越覺得這琴音中暗藏著極濃的殺意。這讓蔡邕頗為起疑，心想：「呀！既然是要以琴會友，可是為什麼這琴音之中有如此強烈的殺意呢？還是小心為妙。」於是連門都沒進，轉身回去了。

門上的僕人看到蔡邕剛到就轉身回府，不知是什麼原因。但是他們知道蔡邕是家中主人的貴客，不能怠慢，就趕快跑進去把這件事告訴主人：「蔡君剛才來過，可是不知什麼原因，一到門口就離開了。」主人一聽，趕緊親自來到蔡邕家裡，問明緣故。蔡邕就把剛才聽琴的事情說了。主人覺得很不可思議，就叫來剛才彈琴的客人，問他怎麼會在琴聲中藏有殺機？那個人說：「哎呀，這可是蔡先生誤會了。只是剛才我彈琴的時候，看見一隻螳螂正想捕殺一隻蟬，那蟬並不知危機四伏，還悠然揮動翅膀，像是要飛走又不飛走的樣子。那隻螳螂就看著蟬欲飛不飛的狀態，時進時退。我當時心中很是緊張，惟恐螳螂錯失良機捕不到那蟬。這難道也成了殺心，在我彈奏的音樂上表現出來了嗎？」蔡邕微微一笑說：「這已經足可以說明問題了。」然後就不再提及此事，和鄰人相攜赴宴，暢談琴賦去了。

觸類旁通

生活中並不缺乏美，只是缺少發現美的眼睛；同樣道理，生活中並不缺少情趣，只是欠缺體會情趣的心靈。要去全身心的領會，從一個又一個的小小細節中品嘗出生活的醇味。情趣並非什麼高不可及的陽春白雪，只是在那些具備靈動心靈的人們那裡，自然的些許變化、生活的微小感動，都可以成為情趣的不盡源泉。就像蔡邕只是聽音就可以救下一把好琴的琴木，被傳為佳話一樣。

司馬相如鳳求凰

卓文君是蜀中第一豪門卓王孫的掌上明珠，不單是姿容秀美，更有蜀中第一才女之名。只可惜紅顏卻薄命，她新嫁不久，新婚的丈夫就一病嗚呼。剛剛出嫁就守寡的卓文君，在婆家住著也覺得百無生趣，就回到父親家中寡居。卓王孫心疼女兒，也就依然讓她住在原來的樓閣。

卓文君雖然衣食無憂，但是空負一身才名，卻只能埋沒深閨沒人欣賞，每每念及此，總是不覺悲從中來。恰在這時，當時天下聞名的才子司馬相如來到蜀中。對於司馬相如，文君小姐早就慕其才名。當相如的那篇〈子虛賦〉傳抄到蜀中時，世人傳抄，市價索要五百金，她非要父親買來一閱。讀過之後，覺得此人文采斐然，果然名不虛傳，但不知道他長相是什麼樣的。這次相如來到蜀中，文君聽說他風度雍容閒雅，就更想親眼看一看是怎樣的風采。她藉機向父親進言，勸說他把司馬相如請到家中。卓王孫一向自詡風雅，沒有多想就應承下來，設下盛大宴會邀請當時蜀中的名人，特別邀請了司馬相如。文君小姐就在宴會當天，躲在屏風後面，想一睹司馬相如的風采。

在卓王孫的盛宴上，百餘名客人見司馬相如果然儀表不俗，風度閒雅，一座盡為之傾倒：「哎呀，真不愧是海內知名的文士呀！」「司馬兄文采、風度，皆不同凡響呀！」

司馬相如談吐適宜、風趣，使得眾人更為欽佩。酒至酣處，和司馬相如同來的王吉取一架琴，置於座上，彈奏一曲以助酒興。一曲停下，他起身道：「諸公見笑了！王某獻醜，不過是想拋磚引玉罷了。」然後將目光轉向相如，「相如兄雅好琴賦，何不一娛？」

相如此時已有幾分酒意，但他心明如鏡：他來蜀中已有些日子，早就聽聞卓王孫有一女對文學和音樂極有造詣，新寡在家，自己的琴藝聞名天下，公認可與「好音」的楚王、著名的音樂家蔡邕比肩。王吉與自己友善，他此舉顯然有意撮合，對文君小姐的不幸遭遇，也只可用琴聲表示其同情與愛慕。於是欣然領命，略整衣冠，盤腿坐於琴前。一時之間，滿座為之寂然。

相如調定宮商，彈奏起來。起初不過輕挑慢剔，聲響悠柔。一段之後，散泛相錯，其音清脆。兩段以後，吟揉漸多，綽注滯回，似有無限思訴：

鳳兮鳳兮歸故鄉。遨遊四海求其凰。
時未遇兮無所將。何悟今夕升斯堂。
有艷淑女在閨房。室邇人遐毒我腸。
何緣交頸為鴛鴦。胡頡頏兮共翱翔。
鳳兮鳳兮從我棲。得托孳尾永為妃。
交情通體心和諧。中夜相從知者誰。
雙翼俱起翻高飛。無感我思使余悲。

相如的歌聲縈繞在座賓客耳際，大家都聽得忘乎所以。文君小姐在珠簾之內、屏風之後，更已聽得如癡如醉。終於能夠一見司馬相如真容，文君小姐的心竟然好像少女一般跳個不停。雖然有珠簾相隔，猶可見相如風致神采，當真是一表人才，氣度不凡。

文君聽得相如的琴聲以及歌唱的這曲《鳳求凰》，已揣測出司馬相如的弦外之音了：

「鳳兮鳳兮歸故鄉」——這個「鳳」，不就是相如自己麼？

「遊邀四海求其凰」——「凰」是鳳凰的雌鳥，一定是指配得上他的佳人。想到這裡，文君小姐一想到自己能「聞弦歌而知雅意」，覺得兩人竟然這般心有靈犀，不由得會心地笑了。

「有艷淑女在閨房」——豔女？在此堂？莫非，莫非是指我？難道他竟然知道我在此嗎？一念到此，文君小姐不由得臉紅耳熱，一顆芳心跳動不已。並不是她對自己的容貌沒有自信，而是被這突如其來的褒揚所感動；同時，被一個陌生的男子如此當眾稱讚，她又不免有女兒家的羞澀。

「室邇人遐毒我腸」——啊！與他雖近在咫尺，卻如遠隔天涯。難道他當真已經覺察我在室內聽他彈琴作歌嗎？

「何緣交頸為鴛鴦」——天哪！這不明白地說要同我結為夫妻嗎？

文君聽到這裡、想到這裡，不由得甜蜜地笑了。

下半闕歌完全是相如在以「凰」的口氣作答了。「得托子屋永為妃」，文君知道《春秋左氏傳》中說：佳偶曰妃，怨偶曰仇——他不但要與我結為夫妻，還要成為恩愛白頭的「佳偶」。只是，最後這一句，「中夜相從知者誰？」中夜，不就是半夜嗎？相從，他讓我到他那兒去；知者誰，就是這件事不能讓旁人知曉。

文君確信自己對曲子的理解準確無誤，她感到既興奮，又緊張。知音，這個就是千載難逢的知音嗎？今日我理解他琴弦外之音，異日我之心他又何嘗不知？

對文君小姐來說，能得到這位海內知名才子的愛，正是她所渴望的幸福。但是司馬相如這一倉促突然的大膽要求，又使她備感為難。

一曲《鳳求凰》已經深深打動了文君小姐的心，她覺得若是就這樣錯過司馬相如，也許此生就會寂寥獨守空閨了。幾經猶豫，文君小姐終於下定決心，放下自己的身分、地位，就在那天深夜與司馬相如相攜而去，隱居蜀中市井。

觸類旁通

從《詩經‧關雎》開始，君子對淑女的仰慕與追求，就充滿了情致雅言，他們使用情真意切、文辭華美的詩詞，將一段段情感妝點得綺麗多情。

司馬相如一曲《鳳求凰》不但作得優雅，而且相當巧妙。他使用了只有文君和自己這樣的有心之人才聽得懂的語言，當眾向文君表達了自己的傾慕。正是這種大膽婉轉而又優雅的方式打動了文君的心，成就了一段曠世驚俗的愛情。

張湯審鼠

西漢時，有個孩子名叫張湯，他自幼就十分喜歡律法國典，很願意研究有關斷案的事情。只要是說起這樣的故事，他比誰都聽的認真。不過真沒想到，他喜愛斷案的興趣竟然讓他用在為自己洗脫冤屈上來了。

有一天張湯的父親外出辦事回來，發現放在廚房裡剛剛做好的肉不見了，那是要中午招待客人用的，這下子父親可是勃然大怒。他把幾個孩子都叫過來，一問發覺只有張湯最有可能到廚房裡來拿肉吃，就二話不說，抓起鞭子狠狠抽打他。張湯很吃痛，他大喊：「我沒有偷吃肉！肉一定是被廚房裡的老鼠吃掉的！」父親一聽，以為是張湯自己做錯了事還想給自己找藉口開脫，就更加生氣了，鞭子抽打得更加厲害。張湯一看，辯解只會給自己帶來更大的痛楚，乾脆閉口不再說話。小張湯要緊牙關，不讓自己流下一滴淚來，但是他心裡暗暗發誓：我一定要捉住那隻偷肉吃的老鼠！

父親一住手，張湯也不顧母親的安撫，立刻開始著手挖鼠洞。不一會兒，他就在老鼠洞裡發現了那隻老鼠和老鼠吃剩下的肉。張湯逮住老鼠，又把它吃剩下的肉用紙包起來。接著，張湯就在家裡設置公堂，完全按照審理案件的全部程序一一完成對老鼠的審訊。最後以物證確鑿對老鼠進行了宣判。

父親一直在一旁看著張湯對老鼠進行審訊和執行處決的全部過程，他發現自己的兒子就像一個老練沉穩的法官，感到十分吃驚。他不禁為自己不分青紅皂白責罰兒子的做法感到愧疚。此後，父親讓張湯努力學習法律知識，專心研究如何判案和定罪，希望張湯將來能夠成就一番大事業，為張家光宗耀祖。

張湯長大以後，在判案和定罪方面顯示出卓越的才華，得到漢武帝的賞識和重用，成為朝廷上舉足輕重的大臣。

觸類旁通

俗語說得好：「三歲看大，七歲看老。」孩子們自以為是的舉動，在成人眼中也許只是可笑的胡鬧。可是，就是這種「胡鬧」，恰會成為一個孩子一生事業的起點。所以，為人父母者，要懂得欣賞孩子們的天真給生活帶來的樂趣，呵護幼稚中萌生的志趣的幼芽。

張湯有一位明理的父親，他很能夠欣賞孩子在生活中的「胡鬧」舉動，還善加維護，終於鑄就了一位司法重臣。

「酸秀才」與歐陽脩

歐陽脩自幼家道中落，全賴出身書香世家的母親親手教導詩書，加上歐陽脩自己勤學發憤，很年輕就已經在文壇名聲鵲起。後來他高榜得中，不盡在朝受到仁宗皇帝的賞識，更是成為北宋文壇的執牛耳者。不過那時歐陽脩雖然名聲很大，可是畢竟年輕，很多人還是有些不服氣，尤其是那些自命才高的人，更是不時地前來找歐陽脩「切磋」。

歐陽脩一向來者不懼，若是小有文采，他還會十分高興能以詩文會友。可是要真是遇到了沒什麼才學，卻自恃很高的人，歐陽脩一向不很客氣。

一次歐陽脩出城來閒遊，覺得天氣有些炎熱，正好前面有一株十分茂盛的枇杷樹，枝葉已經十分繁茂了，還點綴著幾朵沒有凋落的白色花朵。歐陽脩很是高興，就想過去稍微休息一下。歐陽脩興致很高的走過來，卻見樹下正有一個書生打扮的人，在那裡搖頭晃腦地吟出兩句詩來：「路旁一古樹，兩朵大丫杈。」歐陽脩一聽這類似打油詩的兩句，不覺笑了起來。歐陽脩趕忙忍住，很想聽一下這位讀書人還會有什麼驚人之句。可是沒想到，那人吟完了這兩句詩，就「江郎才盡」似的，任是怎麼樣抓耳撓腮也吐不出詞來。歐陽脩又好笑、又無奈，實在覺得這麼憋下去，自己都覺得難受，乾脆替他續了兩句：「未結黃金果，先開白玉花。」那人不覺叫好，回頭看到歐陽脩，連聲稱讚：「哎呀，老兄，接得好啊！看來你也是詩書之人啊。」歐陽脩只是拱了拱手，沒多說什麼，就坐下來休息。沒想到那個人也湊過來，和歐陽脩攀談起來。

透過那人滔滔不絕的自我介紹，歐陽脩終於知道這個人其實只是個紈褲子弟，卻很以「詩才」自居，這次他就是聽說歐陽脩年紀不大卻吟詩作賦如流水一般，他很是不服氣，正要進城去找他比個高低。歐陽脩想起他剛才的兩句半截子詩，心裡早就有了個大概，知道這個讀書人恐怕就是「酸秀才」一樣的人了。只是歐陽脩對這個人很感興趣，也就沒有立即說出自己的身分，兩個人就這樣結伴上路了。

兩人沿湖畔走著，前邊有些漁人放養的鵝群。酸秀才一見，馬上覺得自己又「詩興大發」了，很可以吟出一首好詩，好扳回剛才被歐陽脩補救續詩丟掉的面子。於是，他吟道：「遠看一群鵝，一棒打下河。呃……一棒打下河……這個……啊……」沒想到，他又只想到了兩句，然後又沒了詞，怎麼也接不下去了。歐陽脩笑著搖了搖頭，續道：「白翼分清水，紅掌踏綠波。」酸秀才不禁大為感慨：「哎呀，兄臺，看來你也是擅詩賦之人啊！今天能得遇知音，真是三生有幸！我看不如這樣，你我兩人一同去訪歐陽脩吧。」說完，也不理會歐陽脩是什麼反應，拉著他就往渡口走去。

等他們兩人來到渡口，上了小舟，酸秀才覺得此時此景應該吟誦點什麼，又吟詠道：「詩人同登舟，去訪歐陽脩。」看著酸秀才洋洋自得的樣子，歐陽脩實在忍不住哈哈大笑起來，對道：「修已知道你，你還不知羞。」

觸類旁通

人貴有自知之明，就算是自恃甚高，也要有自恃的資本，否則鬧出笑話來，還會全然不知。酸秀才顯然就是無自知之人。令人讚歎的是，歐陽脩以充滿智慧和機趣的詩句旁敲側擊，試圖點醒酸秀才。這種信手拈來、運用自如的才學，凸顯了詩人超凡的詩才，讓人回味無窮。

李調元解困對妻聯

李調元是乾隆皇帝時的御史大夫，為人剛正清廉，又很有才學，頗受當時很多人的推崇，一向愛才的乾隆皇帝也很滿意這個盡忠職守的臣屬。李調元的妻子馮氏，也出身於書香官宦世家，自從過門，夫妻兩個就琴瑟相合、相敬如賓，成為京官中難得的恩愛夫妻。馮氏詩書俱佳，尤為擅對，每逢春節或是什麼節日，她都會出些對聯來難為一下夫婿，以此為樂。這也成了李調元夫妻之間的閨中情趣。

後來乾隆一味寵信和珅，使他的權勢遍及朝野上下、京城內外，多數大臣都只是看在眼裡氣在心裡，敢怒不敢言。可是看著和珅日益囂張下去，勢力越來越龐大，李調元覺得自己身為御史大夫，不可以就這樣放任權臣危害朝野，就仗義執言，上疏皇上力陳和珅的種種越權、越制的不法行為，希望能引起皇上的重視，好將其法辦。

可是乾隆非但對李調元的奏摺不聞不問，反而輕信和珅多方網羅捏造的罪證，最後將李調元充軍伊犁。在此期間，馮氏痛苦萬分。後來李調元經多方營救，終於澄清事實，得赦回京。後來，馮氏見丈夫平安歸來，喜出望外。等李調元回到家中，她備下美味酒菜，為丈夫接風。在暢飲時，馮氏出一上聯：

月圓月缺，月缺月圓，年年歲歲，暮暮朝朝，黑夜盡頭方見日。

李調元聽罷，頗有感觸，想了想，然後對道：

花開花落，花落花開，夏夏秋秋，暑暑涼涼，嚴冬過後始逢春。

這一副疊字聯，對得情深意切，離別分和之苦，重新相聚之樂盡在其中。夫妻兩人相視而笑，陶醉在團聚的幸福之中。

觸類旁通

人生總難免風浪波折，但是總不能因為前途的曲折坎坷，而就此止步不前，那麼面對已經有過的苦難，要以輕鬆的笑容面對。用愉悅的方式來調解生活，才會使生活更為平和、生動、幸福。

就像李調元九死一生從流放地伊犁回來，馮氏夫人沒有痛陳夫妻分離的傷心，而是以夫妻都熟悉的對聯的方式，告訴丈夫，苦難已經過去，一切生活再次回到原本幸福的軌道。用頗具情趣的方法慰藉丈夫。

名士之才

伯牙子期知音之交

春秋戰國時期，晉國士大夫俞伯牙是一個擅長操琴的音樂家。他從小就酷愛音樂，曾在當時著名的樂師成連先生門下學習彈琴。伯牙天資聰穎，加上勤奮刻苦，虛心求學，在成連先生的指導下，伯牙的琴藝得到迅速提高，演奏樂曲的技巧登峰造極，無人能及。一時之間，名揚各國，享有很高的聲望。

有時為了練琴，他還不遠千里專程跑到東海的蓬萊山，那裡鳥語花香、山高水美，環境幽雅宜人。伯牙常常被這種自然的美妙氣息吸引，沉浸在寧靜的氛圍中，全身心的彈奏樂曲，心無雜念，達到完全忘我的境界。因此，他彈出的曲子往往妙不可言，繞樑三日，餘音不絕，令人稱奇。只可惜自從學成出師後，伯牙再也遇不到一位像老師那樣的知音人。思及此，他的心中充滿了寂寞和遺憾，經常撫琴慨歎。

有一次伯牙奉命到楚國去修聘，正在長江上航行時，突然狂風大作，江面上白浪滔天。伯牙只好命人將船停泊在安全的地方。他停船之地，就是現在的湖北漢陽江口。這一天正好是八月十五，中秋月圓。傍晚時分，月色如水，輕灑下淡淡的清輝，照得四周一片明朗，加上風平浪靜，時時傳來江水拍岸的輕響，整個景色如詩如畫，令伯牙陶醉不已。他興致所至，心情暢快地拿出自己隨身攜帶的古琴，來到岸邊一塊凸起的大石塊上，對著漢水明月，撫琴抒懷，直彈得如癡如醉、渾然忘我之時，「登」的一聲，琴弦斷了。

這時從山崖背後突然走出一個人來，連聲誇讚伯牙的琴藝。伯牙吃了一驚，心裡十分詫異：自己走遍各國，也未能尋到知音，不知道這夜裡突然冒出來的人是誰？他藉著清朗的月光一看，更是驚訝，來人一身樵夫打扮。

伯牙十分有禮貌的向這樵夫詢問，兩人攀談起來。這人名叫鍾子期，精通音樂，伯牙為了考考他，提出了一系列音樂上的問題，他都對答如流。伯牙既驚且喜，連忙請子期上船，吩咐童子設案置酒，兩人一面飲酒賞月，一面傾心交談。伯牙說：「足下既知樂理，不知道可不可以效仿顏回聞孔子鼓琴，而知孔子有貪殺之意的故事，也來聽聽我撫琴時的思念呢？」鍾子期點了點頭，說：「我姑且試試看吧，若是猜不著，還望大人不要見罪。」

伯牙於是將斷弦重新調整好，沉吟半晌，開始撫弄起琴來。只聽得聲音雄壯而高亢，伯牙剛剛停手，鍾子期就讚歎道：「美哉！峨峨乎大人之志在高山。」伯牙微笑著，沉默不語。他凝神靜氣一會兒，將琴再一次撫弄起來，這次意在流水，所以琴聲淙淙若山澗溪水，清新流暢。一曲剛終，鍾子期就脫口而出：「美哉！洋洋乎大人之志在流水。」

鍾子期的兩次讚美都道出了伯牙的心事，伯牙驚歎不已，欣喜若狂，連忙推琴而起，熱情的向子期再施賓主之禮，連連致歉：「失敬失敬！常言道：山中之石，藏有美玉。伯牙最初以衣帽取人，差點錯失了一位賢士。」子期急忙還禮，說：「我就住在附近的馬鞍山集賢村，平素愛好音樂，稍有研究，剛才隱隱約約聽到有人撫琴，所以循聲而來。我久仰先生大名，今日得見，實在三生有幸。」兩人一見如故，相談甚歡。伯牙主動向子期提出，願結為異性兄弟，以不負兩人知音一場。當下兩人便在船中向蒼天跪拜，伯牙年長一歲為兄，子期為弟。

伯牙還要返回晉國覆命，不能久留，兩人依依不捨地告別。臨走時，兩人約定好，伯牙明年中秋再來此地相會。

第二年中秋節，伯牙如期來到漢陽江口。可是等了許久也不見子期到來，心裡焦急不安，便操起琴來，藉琴音遣懷。他彈了一曲又一曲，感懷去年此時的偶遇，欣喜於陌路逢知音，迫切的希望能見到故人。琴聲悠揚，一直傳到很遠的地方，可是子期還是沒有來。伯牙憂心忡忡，深知子期不是背信之人，肯定出了什麼事，只好背著琴，朝集賢村的方向找去。

這時，天已大亮了。一輪紅日噴薄而出，四處都染上了一層清淡的金色，明朗清新，煞是好看。只是伯牙再也無心觀賞美景，視若無睹的向前趕路，自然也沒有注意到岸邊有一座面對漢水的新墳。遠遠地，他看見有個人朝自己走來，以為是子期姍姍來遲，滿心歡喜，一邊揮手示意，一邊急匆匆向那人走去。待走近一看，來人是一個慈祥的老人。伯牙有些失望，但還是謙恭的向老人作了一個揖，詢問起集賢村和鍾子期的家。老人一聽，老淚縱橫，悲痛的告訴伯牙他就是子期的父親，子期勞累過度，不幸染病，前不久已經不治而亡了。這個噩耗有如晴天霹靂，一下子讓伯牙震住了，他悲從中來，大呼一聲，暈了過去。

伯牙醒來後，老人告訴他：「子期臨死前再三提到，他去年曾和先生相約，八月十五在江邊相會。他再三叮囑我們，一定要把墳墓修在江邊，面對漢水，為的就是在九泉之下也能聽聽先生的琴聲。先生你看，前面那座新墳就是他的……。」伯牙悲痛欲絕，一路跌跌撞撞，摔倒了好幾次，才來到子期墓前。他顫抖著撫摸墳前長出的新草，跪拜在地，回想起與子期相交的種種，情不自禁伏在墳上哀哀痛哭起來。老人在一旁也不禁跟著落下淚來，相勸了好久，伯牙才起身。老人說：「先生，子期生前常常提及你的琴聲天下無人能及，十分喜愛，你就彈奏一曲，以慰他在天之靈吧。」

伯牙這才擦擦淚眼，盤膝席地而坐，取出瑤琴，彈奏起那支古曲——《高山流水》。琴聲嗚咽，如泣如訴，聽者為之落淚。彈罷，他從衣夾間取出解手刀，先割斷琴弦，再雙手拿琴，高高舉起，向祭臺用力一摔，直摔得玉軫殘破，金徽凌亂。

老人嚇了一跳，「先生，你這是怎麼了？」邊說著，邊直彎腰去撿瑤琴的碎片。伯牙攙扶起老人，無限淒苦地說：「琴為知音而生，如今知音既逝，琴留著又有何用呢？」伯牙此生再也不會撫琴了。」

伯牙含淚向子期墳臺告別而去。從此，再也沒有人能聽到伯牙那無與倫比的《高山流水》。「高山流水」因此成了知音的代名詞。

後來，人們為了紀念這兩位「知音」的友誼，特地在龜山尾部的小山上，築起一座古琴臺，並將這座小山取名為碎琴山，在距漢陽十餘里的地方，還有一個琴斷口，相傳就是伯牙當年揮琴的地方。還有人專門寫詩吟詠這段千古佳話：「摔碎瑤琴鳳尾寒，子期不在對誰彈！春風滿面皆朋友，欲覓知音難上難。」

觸類旁通

古詩有云：「不惜歌者苦，但傷知音稀。」千金易得，知己難求。古往今來的文人賢士都以得到一個惺惺相惜的朋友為幸事。所以伯牙得知音子期而欣喜若狂，因知音不在而決然斷琴就在情理之中了。沒有人懂得欣賞的琴聲，留於世間就變得毫無意義。

莊周夢蝶

莊子，名周，戰國時宋人，曾為漆園吏，應該是一個很小的官。但他後來成為中國著名的思想家之一，對後世影響深遠。他是道家的代表人物，而且使道家在當時真正成為了一個與儒家、墨家鼎足而立的一大流派。莊子認為：宇宙萬物只是一些表相，而創造這些表相的是一個超越感官、超越時間和空間本體。這個本體名字叫「道」。莊子常常在各種場合，以各種形式和故事表述他對道的理解。其中為人們所熟知，且爭論不休的就是莊子夢蝶的故事。

話說有一日，當時處境貧困潦倒的莊子，閒來四處走動，想找一處安寧的地方，平心靜氣、摒除雜念，專心致志地入定修道。走著走著，莊子來到了一片草地上，這裡鳥語花香，環境清幽。四周的花開得十分燦爛，一陣清風吹過，空氣中瀰漫著甜美的香氣；蜜蜂嗡嗡作響，蝴蝶翩翩飛舞，微風拂面，好不愜意。莊子靜靜地坐在草地上，心神愉悅地閉上眼，感受這難得的舒適和安寧。

坐著坐著，莊子睡著了。他作了一個夢，夢見自己也變成了一隻美麗的蝴蝶。他不敢相信的拍一拍自己的翅膀，果然飛起來了，他飄飄然，十分開心。這時候根本就忘了自己是莊周，是人世裡看來微不足道的一個人。他在山川林間、在樹叢中、在花草上無拘無束地飛翔，歡天喜地，自由自在。他更喜歡自己變成蝴蝶的生活，一會兒站在花蕊上汲取香噴噴的花粉，向各色鮮花伸展翅膀微笑。一會兒向下飛，歇在草尖上採露水；露珠晶瑩剔透，一顆一顆在草間滾，他就追趕著露珠快樂地嬉戲。累了就撲翅於樹林綠葉間，歇歇腳，聆聽清風吹拂林間發出的沙沙聲。他完全沉醉在變為蝴蝶的事實中，根本記不得自己姓甚名誰，身在何處。

過了不久，莊子醒過來了，他睜開眼，看到自己還是俗塵凡人，身在這人世間，並沒有變做蝴蝶，長出翅膀。他方才醒覺，剛才的一切只不過是一場夢。只是夢中的想像太真實、太美好，一切歷歷在目。

在一般人看來，一個人在醒時的所見所感是真實的，夢境是幻覺，是不真實的。莊子卻不以為然。雖然，醒是一種境界，夢是另一種境界，兩者是不相同的：莊周是莊周，蝴蝶是蝴蝶，兩者也是不相同的。

但是，莊周與蝴蝶有分別嗎？他們都只是一種現象，是「道」運動中的一種形態、一個階段而已。所以，莊子不由自主地疑惑著：究竟是莊周作夢變成了蝴蝶呢？還是蝴蝶作夢變成了莊周呢？

後來，唐朝著名詩人李商隱在他的千古傑作〈無題〉中詠到此事，詩句是這樣的：「莊生曉夢迷蝴蝶，望帝春心託杜鵑。」

觸類旁通

在莊周看來，人與蝶沒有分別，萬物與我合一。也就是說，人生只是一場大夢，在夢中醒、在夢中睡、在夢中悲歡離合……若能觀人生如夢，則是非、人我皆如夢中事，若能參破，視死生如夢，物我兩忘，則必能物我合一，得到解脫。這正是莊子宣導的一種超脫、自由的精神境界，千百年來感動了無數人。即便在今天，也具有深遠的意義。

伴隨著社會節奏的加快和物質財富的增加，如何在浮躁的生活中尋找一種安寧，莊子也許可以成為我們的一個精神導師。

顏回不改其樂

孔子門下有很多學生，號稱三千弟子，其中優秀的學生有七十二人。在這些學生中，孔子對顏回的評價格外高。顏回家境貧寒，連同老父親也只能住在十分簡陋的茅草屋裡。顏回十分好學，儘管生活清寒，他還是去拜孔子做老師，認真讀書。然後為了能夠補給家用，在讀書之餘還要想辦法工作，好侍奉自己的老父。顏回就這樣整日奔波勞碌，聽完老師的教導後，就趕去工作的地方，然後再用賺得的工錢給家裡帶回吃的食物，之後自己再溫習白天所學。

顏回的同學中有不少是慕孔子之名而來的富家子弟，他們每日聽完老師的教導後，就會無所事事，修習些其他的技藝。可是他們發現每次顏回都會缺席，這讓他們有些不滿。有一次下課後，他們拽住顏回要一起去練習射箭。顏回雖不多分辯，但是堅持現在就要離開，一定不能夠和他們一起練習。這幾個人看顏回很是堅決，也就只好放開他了。可是他們很好奇，是什麼事情這樣吸引顏回呢？老師總是誇獎顏回，不會他有什麼獨特的修持方法，故意躲開我們吧。於是，他們就尾隨顏回，想看看他到底在做些什麼。沒想到，他們發現顏回竟然是出入市井，為別人幫工，最後拿到工錢只能夠買上一籃子米飯。可是，顏回卻開開心心地回到他那個簡陋得不能再簡陋的家，和家人一起享用他的勞動成果。

這幾個同學真是大惑不解，心想：真沒想到顏回每日生活的這麼辛苦，還會那樣刻苦用功的讀書。最不可思議的是，為什麼他還能那樣發自內心的笑出來呢？他們自問自己，要是在顏回這樣的景況，只能有一間陋室遮風避雨，每日辛苦做工，還只有米飯、清水果腹，恐怕愁也要愁死了吧，哪還能如此快樂呢？於是他們直接去問顏回。顏回笑笑，簡單地回答：「其中自有樂趣，只是我知道，諸君不曉得而已。」

他們最終還是想不明白，就向老師孔子請教。孔子聽後，點頭稱讚說：「顏回是一位真正有賢德的人啊！一竹籃子飯、一瓢清水，住在簡陋的小巷子裡，別人都忍受不了這種貧困憂愁，而顏回卻不改變他自認為的快樂，顏回是個多麼賢德的人呀！」

觸類旁通

對貧富，每個人有著自己不同的見解。孔子很讚賞顏回，就是因為顏回符合了他對貧富憂樂的見解。孔子曾經說過，「飯疏食飲水，曲肱而枕之，樂亦在其中矣」，意思就是說，吃粗糧、喝涼水，睡覺時彎著胳膊當枕頭，這裡面自有樂趣。為什麼能樂在其中呢？

大概是因為精神世界的富有、博大，所以在貧困面前能那樣的鎮定自若，並能體會出其中的樂趣。而一切精神世界貧乏的富貴之人，是體會不到這種快樂的。

榮啟期自得其樂

榮啟期是春秋戰國時期很有名的隱士。在動亂的年代裡，這位老莊的信徒相信無為而治，在自然中尋求自己的安寧和滿足。他隱居山林，自給自足。當儒士、策士們為了自己的觀念和名利積極進取入世，穿梭在各國之間時，榮啟期安守清寒，自得其樂。

一天，榮啟期剛剛做完自己田地的工作，然後他開心的在郊野中行走。他穿著粗糙的皮衣，腰裡繫著一根繩子，邋里邋遢的；他面目清瘦，膚色黝黑，一看就是終年辛苦勞作的人。可是他卻愉快地一面彈琴，一面唱歌，無憂無慮的。

榮啟期走到半路上，遇見了這時一直遊歷各國的孔子，孔子看著他的行狀，有些不理解，問道：「您這樣貧窮卻又如此快樂，這是為什麼呢？」

榮啟期回答說：「我快樂的原因太多啦！大自然孕育各種飛禽走獸、昆蟲魚蝦，只有人最尊貴；我能夠做人，這是第一快樂。人有男女之分，男的尊貴，女的卑賤；我生為男人，這是第二快樂。人生下來，有的沒有看到日月便夭殤，有的還沒有脫離母親的懷抱便短命而亡；我卻活到九十歲了，這是第三種快樂。貧窮是人的一般情況，死亡是人的必然結果；人們害怕恐懼的不過是人生的一般情況，和最終的結果罷啦。我之所以可以如此安然的面對，也不過是安於一般情況，等待必然結果，還有什麼憂慮呢？」

孔子說：「好呀，你真是一個能夠寬解自己的人！」

觸類旁通

自得其樂並不容易，它是尋找生活樂趣的必要條件。做到自得其樂，第一，必須知足，俗話說：「知足者長樂。」第二，善比，要善於發現自己的優勢，不能終日這山望著那山高。第三，有點兒幽默感，要能夠用微笑迎接厄運，學會自我解嘲；在某種意義上說，阿Q的精神勝利法還是有用的。只有這樣才能盡享生活的樂趣，不至於終日陷在沒有止境的自尋的煩惱中，悲傷自憐，難以見到生活中生命的陽光。

嵇康廣陵絕唱

嵇康是魏晉時期著名的「竹林七賢」之一，他除在文學、思想上取得了非凡的成就之外，在音樂方面也頗有建樹。嵇康從小喜歡音樂，並對音樂有特殊的感受能力，天賦極高。《晉書・嵇康傳》曾提及，嵇康「學不師受，博覽無不該通」，這與他思想上的狂放不羈、不受禮法約束有很大關係。嵇康可謂一代音樂奇才，他精於笛、妙於琴，還善作音律。他譜過不少曲子，也寫過一些講音樂理論的書，尤其擅長彈奏七弦琴。嵇康創作的《長清》、《短清》、《長側》、《短側》四首琴曲，被稱為「嵇氏四弄」，與蔡邕創作的「蔡氏五弄」合稱「九弄」，是我國古代一組著名琴曲。隋煬帝曾把彈奏《九弄》作為取士的條件之一，足見其影響之大、成就之高。

嵇康對琴及琴曲如癡如狂，十分喜愛，為後人留下了種種迷人的傳說。

據說嵇康有一張非常名貴的琴，為了這張琴，他居然賣去自己在東陽的舊業，還向尚書令討了一塊精美的佩玉，將玉截成薄片，鑲嵌在琴面上作琴徽。此琴可謂價值連城，嵇康視之如命。有一次嵇康的朋友山濤喝醉了，趁著酒性，直嚷嚷著要剖開這琴，嵇康以生命相威脅，才使此琴免遭大禍。

當然關於嵇康和音樂的故事，最著名的還屬他臨刑那一曲千古絕唱《廣陵散》。

有一次嵇康因事到洛西去，晚上留宿在華陽亭。這晚月華如水，景色幽雅，嵇康突然有了彈琴的興致，就取出琴，坐在院子裡彈了起來。一曲接一曲，一直彈到夜深人靜。這時忽然進來一位客人，一身古人打扮，十分詭異。嵇康一向放蕩不羈，視世間禮法為無物，也不以為意，客氣地請來人坐下，兩人談論起音樂方面的理論。沒想到來人有很高的音樂造詣，對很多問題的見解十分高明。嵇康喜出望外，更加急切地向來人提出很多自己的疑惑。兩人相談甚歡。興之所至，來人向嵇康要過琴來，說要為他彈奏一曲。嵇康連忙把琴擺好，恭請客人彈奏，自己在一旁細細聆聽。聽了一會兒，他立刻被客人高超的琴藝吸引住了。

這首曲子嵇康從未聽過，一開始，琴音剛勁有力，彷彿有滿腹心事，要講述一段動人心弦的故事。接著古琴流出一派和諧之音，彷彿置身於天上，幸福安詳。突然，情調一轉，一陣渾厚的低音響起，有如熾烈的岩漿在沉睡的火山中翻滾著要爆發出來一樣，充滿了如火的憤怒和激情。漸漸地，聲調低緩了些，響起了慷慨激昂的音調，悲憤沉痛，如金甲共鳴，漸漸有肅殺之意，似乎身在曠野之中，草木凋零，鳥雀四處驚散，令人聞之膽寒。驀地，琴音一收，似乎在慨歎易水蕭蕭，壯士不歸。整個節奏有張有弛、收放自如，隱隱又暗含激越、憤慨之情，嵇康聽得如癡如醉，完全沉醉於音樂營造的氛圍中，只覺得周身一股熱血沸騰，激動得無以復加，彷彿所有的汗毛都豎了起來。客人一曲彈完，嵇康還久久回不了神，獨自坐在那裡細細體會，待得心緒稍稍平靜，嵇康敬佩地詢問客人從何而來、姓甚名誰？

客人微笑不答，沉思良久，開口道：「這首樂曲和一個故事有關。相傳，戰國時韓國有個叫聶政的人，他的父親是當時頗有名氣的造劍工匠，接受了為韓王鑄造寶劍的任務。因為沒有按期完成，被韓王殺了。聶政悲憤不已，發誓一定要為父報仇，跑去行刺韓王，但沒有成功。他從宮中逃出來之後，韓王命人畫出他的畫像，到處張貼，在全國通緝他。他自行毀容，遁於深山，苦學琴藝達十年之久。終於憑藉一股驚人的毅力，練成一身超凡的琴藝。等到他身懷絕技，重新回到韓國時，已經沒有人能認出他了。他來到離王宮不遠的地方，靜靜地坐下來彈琴，琴聲精妙絕倫，十分動聽。所有路過的行人都情不自禁停下腳步，連牛馬也不肯離開。一時之間，全城為之轟動，人們爭相前來聽聶政的樂曲。消息自然傳到了韓王耳中，韓王下令召他進宮去演奏。聶政進宮之前，就暗自在琴腹內藏好一把鋒利的匕首。韓王聽到聶政的演奏，也完全被他那不同凡響的樂聲迷住了。趁著韓王疏於防備之時，正在彈琴的聶政突然從琴內抽出匕首，以迅雷不及掩耳之勢，猛撲上去，一刀刺進了韓王的胸膛，韓王當場斃命。他知道自己難以逃脫，為了不連累年事已高的老母，他從容地用匕首剝掉了自己的面皮，使自己的容顏完全辨認不出，自殺身亡。」

客人沉痛地講完後，告訴嵇康，他剛才彈的曲子名為《廣陵散》，表現的正是聶政復仇的故事。嵇康聽了，激動難耐，主動懇求客人教他彈奏這曲《廣陵散》。客人也不拒絕，拿起琴，一段一段地教了起來。嵇康亦不辭辛苦，一遍又一遍反覆演練。等到他流暢而熟練地彈完曲子時，回頭一看，客人早已不知所終。

因為這段奇遇，嵇康十分珍視《廣陵散》，從不肯輕易示人。後來嵇康因為不滿司馬昭，獲罪於他，被判死刑。臨刑時，很多太學生趕來向行刑官請求，希望可以讓嵇康教會他們《廣陵散》，以免這首流傳已久的名曲失傳，可是請求被拒絕了。嵇康請求可以讓他最後彈一次琴。他拿過琴，從容不迫地看著日影彈起來。琴聲如訴，悲憤而堅定。一曲終了，嵇康慨然長歎：「《廣陵散》於今絕矣！」

他用生命解釋了音樂，音樂成了他生命最後的絕唱。

觸類旁通

人生最有境界之時莫過於面對死亡，無所畏懼，反而以一種從容閒適、悠然詩意的形式祭奠自己最後的歲月。所謂視死如歸，莫過於此。對嵇康而言，身處亂世，無力回天，唯一能做的就是以音樂、詩酒為伴，清高自持，傲然於濁世之中。所以對他而言，《廣陵散》不僅僅只是一支樂曲，而是一種生命形式的象徵，是他傲岸人格的真實寫照。他以一曲《廣陵散》作為人生的終結，也就毅然宣告了對自身選擇的不悔。他和《廣陵散》因之成為對文人傲骨的詩意表達。

王羲之以書換鵝

在「王馬共天下」的東晉時期，王氏是高級的士族。王導、王敦家族的子弟，都當上了大小的官員，他們大多數是庸庸碌碌的官僚。但在他們當中，也出了一個我國歷史上有名的書法家，他就是王羲之。

王羲之從小喜愛寫字，據說他平時走路的時候，也隨時用手指比劃著練字，日子一久，連衣服都劃破了。經過勤學苦練，王羲之的書法就達到很高的水準。因為他出身士族，加上他的才華出眾，朝廷中的公卿大臣都推薦他做官。他做過刺史，也當過右軍將軍（人們也稱他王右軍），後來又在會稽郡做官。他不愛住在繁華的京城，見到會稽的風景秀麗，非常喜愛，一有空，就和他的朋友們一起遊覽山水。有一次，王羲之和他的朋友在會稽郡山陰的蘭亭舉行宴會。大家一面喝酒，一面寫詩。最後，由王羲之當場揮筆，寫了一篇文章紀念這次宴會，這就是有名的〈蘭亭集序〉。那幅由王羲之親筆書寫的〈蘭亭集序〉，歷來被認為是我國書法藝術的珍品，可惜它的真跡已經失傳了。

王羲之的書法越來越有名，當時的人都把他寫的字當寶貝看待。據說有一次，他到他門生家裡去，門生很熱情地接待他。他坐在一個新的几案旁，看到几案的面又光滑又乾淨，引起了他寫字的興趣，叫門生拿筆墨來。那個門生高興得不得了，馬上把筆墨拿來給王羲之。王羲之在几案上寫了幾行字，留作紀念，就回去了。

過了幾天，那個門生有事出門去了。他的父親進書房收拾，一看新几案給墨跡弄髒了，就用刀把字刮掉。等門生回來，几案上的字跡已經不見了。門生為這件事懊惱了好幾天。

又有一次，王羲之到一個村子去，有個老婆婆拎了一籃子六角形的竹扇在集上叫賣。那種竹扇很簡陋，沒有什麼裝飾，引不起過路人的興趣，看樣子賣不出去了，老婆婆十分著急。王羲之看到這情形，很同情那老婆婆，就上前跟她說：「你這竹扇上沒畫、沒字，當然賣不出去。我給你題上字，怎麼樣？」老婆婆不認識王羲之，見他這樣熱心，也就把竹扇交給他寫了。王羲之提起筆來，在每把扇面上龍飛鳳舞地寫了五個字，就還給老婆婆。老婆婆不識字，覺得他寫得很潦草，很不高興。王羲之安慰她說：「別急！你只告訴買扇的人，說上面是王右軍寫的字。」王羲之一離開，老婆婆就照他的話做了。集上的人一看真是王右軍的書法，都搶著買。一籃竹扇馬上就賣完了。

許多藝術家都有各自的愛好，有的愛種花，有的愛養鳥。但是王羲之卻有他特殊的癖好。不管哪裡有好鵝，他都有興趣去看，或者把牠買回來玩賞。山陰地方有一個道士，他想要王羲之給他寫一卷《道德經》。可是，他知道王羲之是不肯輕易替人抄寫經書的。後來，他打聽到王羲之喜歡白鵝，就特地養了一批品種好的鵝。王羲之聽說道士家有好鵝，真的跑去看了。當他走近那道士屋旁，正見到河裡有一群鵝在水面上悠閒地浮游著，一身雪白的羽毛，映襯著高高的紅頂，實在逗人喜愛。王羲之在河邊看著看著，簡直捨不得離開，就派人去找道士，要求把這群鵝賣給他。那道士笑著說：「既然王公這樣喜愛，就用不著破費，我把這群鵝全部送您好了。不過，我有一個要求，就是請您替我寫一卷經。」王羲之毫不猶豫地給道士抄寫了一卷經，那群鵝就被王羲之帶回去了。

觸類旁通

愛其所愛、求其所求，為自己的興趣愛好投入幾乎全部的心力，這樣的人不但能夠成為專才，最重要的是，他們的生活會充滿自足自得的樂趣。

如果道士專門向王羲之討要《道德經》，就算是出再高的價錢，對於出身世家的王羲之來講，也是難於看在眼裡的吧。可是，為了他喜愛的白鵝，怎樣的要求他也答應。真是坦率灑脫的性格。

王羲之食墨

王羲之之所以能夠成為一代書聖，除了天分之外，更重要的是他對書法孜孜以求的執著精神。他的筆力能夠入木三分，是和他一向苦心研習分不開的。而且因為他過於醉心書法，還會鬧出小笑話來呢！

王羲之最愛吃夫人親手調的蒜泥，要是有剛出籠的饅頭蘸著蒜泥，對於王羲之來講是人間難得的美味。每當他全神貫注在書房裡練字時，夫人有時就會弄些餐點讓他先吃些。要是到了吃飯的時候，他還不肯放下筆來，就只好將飯菜送進書房了。而且必須親眼看著王羲之吃完，要不就會出問題。

有一天，夫人給他送來他最愛吃的蒜泥和饃饃。可是他連頭也不抬，仍然繼續揮筆疾書，練習寫字。夫人苦笑了一下，絲毫沒有辦法。眼看著王羲之一點也沒有要停筆休息的意思，夫人就把蒜泥和饅頭放在王羲之伸手可及的地方，然後退了出去。過了好一會兒，就快要吃飯了，夫人想怎麼那點蒜泥、饃饃也該吃完了吧，就過來書房想收拾碗盤。進了書房，一看可樂了，只見王羲之滿嘴烏黑，手裡還拿著一塊沾了墨汁的饃饃。原來，王羲之根本沒看盛蒜泥的碗在哪裡，只是左手抓起饃饃蘸著東西就往嘴裡送，萬沒想到，他竟蘸到了硯臺裡，於是就有了這麼一幕王羲之食墨。

一向溫淑嫺靜的夫人也禁不住放聲大笑起來。王羲之還是沒有注意，他一面繼續寫字，一面隨口誇獎夫人說：「你今天做的蒜泥真香呀！」王羲之說完這話，舉起左手來，還要把蘸了墨汁的饃饃往嘴裡塞。夫人趕快走過去，把那塊蘸了墨汁的饃饃奪下來，打趣地說：「你吃的是什麼饃饃？好香的黑饃饃啊！你是從哪裡弄來的？」王羲之聽夫人這麼說，才停住了筆，抬頭一看夫人手裡拿的黑饃饃，這才意識到自己錯把墨汁當蒜泥了，也不禁哈哈大笑起來。

後來夫人為了不讓這樣的事件重演，不論是自己送飯到書房還是讓僕人送去，都會先等著王羲之吃完了，才放心的離開。

觸類旁通

太過於專注自己喜愛的事情，有時就會忽略在自己看來不太重要的事情，還會因為不在意而鬧出小玩笑來，這也許就是生活中的志趣吧。如果能為自己確定下的志向，專心致志，還為此出現了無傷大雅的錯誤，那就算是調劑生活的另一道亮色吧。

謝道韞詠雪

淝水之戰中立了大功的謝石，是宰相謝安的弟弟；謝玄，是謝安的侄子。謝家是東晉有名的門閥地主家庭。門閥地主就是靠著祖宗世代做官的政治地位，獲得了大片土地的高門大戶，是士族地主中的最高階層，從東漢末年以來逐漸形成的。謝家是門閥地主中最有名望的一個家族，一家出了許多個大官、將軍。跟謝家有同樣地位的是王家，就是書法家王羲之的家族，他們兩家被合稱為王謝。王謝兩家不但具有同等的地位，並且又是親戚——王羲之的二兒子王凝之，就娶了謝玄的妹妹謝道韞做妻子。謝道韞是東晉有名的才女，文思敏捷、學問淵博，是一個了不起的婦女。謝道韞詠雪，是一個流傳了一千多年的故事。

謝道韞的父親謝奕是謝安的哥哥，做過安西將軍。他把兒子謝玄培養成了有名的武將，而對女兒道韞，則教她詩賦，把她培養成了一個很有文才的女子。謝道韞十幾歲的時候，就能夠寫出創意新穎、文辭優秀的詩賦了。

謝安早就聽說這位侄女很有學識，就有心想考考她。有一天他問謝道韞：「《詩經》三百篇，哪些篇最好？」謝道韞略一思索，回答說：「我最喜歡歌頌尹吉甫和仲山甫的那兩篇詩。」原來尹吉甫和仲山甫都是西周末年宣王時候有名的大臣。西周傳到宣王的時候，力量已經大大削弱，內憂外患，西北的獫狁族不斷來騷擾周朝統治的地區，內部的各家諸侯也不服管束。尹吉甫是征討獫狁並且取得了重大勝利的大將；仲山甫是直言敢諫，勸周宣王不要對老百姓壓榨得太緊的文臣。由於這兩位大臣的輔佐，周宣王時候，西周又一度出現了復興的景象，歷史上號稱「宣王中興」，尹吉甫和仲山甫都被視為中興名臣，因而在《詩經》中有兩篇專門歌頌他們的詩。謝道韞說喜歡這兩篇詩，就是把這兩篇詩跟自己生活著的東晉的社會現實結合起來，有感而發的。

當時北方中原地區已經是匈奴、鮮卑、羯、氐、羌等少數民族統治的天下，東晉只剩下江南的半壁江山。但是東晉朝廷裡的風氣卻很壞，大官們只知道爭權奪利，希望爭奪更多的利益，根本沒有把國家大事放在心上，更沒有興師北伐收復中原的雄心壯志。即使有人願意北伐，他們還要進行牽制、破壞。謝道韞喜歡歌頌尹吉甫和仲山甫的詩篇，其實是希望在東晉社會裡也能出現像尹吉甫和仲山甫那樣的人；同時也表示她對東晉統治階級滿足於偏安之局的不滿。由此可見，謝道韞並不是一個關在深閨大宅裡，只知道吟風弄月的豪門閨秀，她對於歷史上的興亡和眼前的局勢都很關心，而且有著相當的見解和視野。謝安也是一個很有頭腦的人，他當然能夠體會出侄女的用意，所以他稱讚謝道韞說：「你這位女詩人，對《詩經》的體會可真深刻啊！」

有一年冬天，謝安閒來就把家裡人都召集在一起，圍著爐火舉行家庭宴會。宴會開始不久，天空就紛紛揚揚地飄起雪花來了。謝安喝了幾杯酒，興致勃勃，他一手摸著鬍子，一手指著天空中的雪花，對子侄們說：「俗語說，瑞雪兆豐年，明年準是個好年景。對著這樣的雪景，應當詠幾句詩才好。詩應當有比興，要有另外一種事物來跟雪相比，既要說出雪的特徵，又要有美的境界。你們誰先來？」

謝安的一個侄子，也就是謝石的兒子、謝道韞的堂哥哥謝朗，首先自告奮勇站起來說：「我來！」他對天空凝視了一會兒，然後搖頭晃腦地念道：「撒鹽空中差可擬。」意思是說，下雪就像天空在撒鹽。謝朗這句話剛一出口，立刻就引起了哄堂大笑。他拿撒鹽比作下雪，的確太粗俗了，一點詩意也沒有。大夥兒嘲笑他說：「誰在天空撒鹽？把這麼多鹽撒到田地裡，明年還能豐收嗎？你這種詩實在要不得！」這時候，只見謝道韞若有所思地站起身來，緩步走到窗前，抬頭望望天空，又看看庭院裡光剩了枝幹的柳樹，然後輕聲地吟詠道：「未若柳絮因風起。」意思是說，紛紛揚揚的雪花還不如比作被風吹起的柳絮更貼切。謝道韞剛吟完，大夥兒不約而同叫好，覺得這句詩真是與眾不同，不但立意新穎、文辭優雅，並且還隱隱地表達了由下雪的冬天聯想到柳絮飄揚、萬物欣欣向榮的春天，所以都不禁同聲地叫起好來。謝安聽了，自然也很滿意，他翹起大拇指誇獎說：「我看，還是我這個侄女有文才！」

謝道韞詠雪的佳話很快傳了出去，書法家王羲之聽說謝家有這樣一位才女，就請了媒人去給自己的二兒子王凝之作媒。謝家對王家當然很滿意，媒人一說就成，謝道韞很快就嫁到了王家。王家跟謝家的不同點是文人多、武將少。王羲之的幾個兒子，有的是著名的書法家，寫得一筆好字；有的是文學家，寫出來的詩文都很漂亮。謝道韞的丈夫王凝之就是一位擅長草書、隸書的書法家。謝道韞和王凝之結婚以後，兩口子恩恩愛愛，舉案齊眉，談書論詩。可是謝道韞一回到娘家就有些不高興。謝安以為她不滿意自己的丈夫，對她說：「王郎是當今書法名家逸少的兒子，他自己也寫得一筆好字，是個很難得的好青年，你還有什麼不滿意的？」謝道韞回答說：「我並不是不喜歡王郎，而是覺得我們家一門武將，叔叔、伯伯多是戰場上立了功的元帥、將軍，兄弟中也多是些赳赳武夫，我真沒有想到天地之間居然還會有像王郎這樣文質彬彬的才子啊！」謝安聽她這麼一說，才知道謝道韞原來是嫌自己家裡的兄弟文才太差。他不由得想起侄女責備謝玄的話來。謝道韞常常責備自己的兄弟謝玄讀書沒有長進，她說：「你的讀書沒有長進，是因為事情太忙，分了你的心，還是因為你天資有限呢？我看恐怕還是用功不夠吧。我勸你還是多用點功吧！」

謝道韞不但富有文才，寫出了不少優美的詩賦文章，而且口才也很好，長於辯論。有一次，王凝之的弟弟王獻之跟幾個朋友辯論，眼看理屈詞窮，將要敗下陣來了。謝道韞躲在屏風背後，早聽得一清二楚。她叫人去告訴王獻之說：「小叔不必擔心，嫂嫂來給你解圍。」然後，謝道韞叫人掛起一幅青綢簾子來遮擋自己，坐在簾子背後幫王獻之跟朋友們辯論。她接過王獻之的話，把王獻之說過的論點充分加以發揮，比喻生動、邏輯嚴密、說理透闢，使滿座的人為之傾倒，誰也沒有能力駁得倒她，朋友們只好個個認輸而去。

觸類旁通

極富才情的人，往往像是有魔力一樣，能夠把他周圍的人、事或是生活點綴得多彩多姿。因為他們見地卓越、表現出眾，可以帶給循規蹈矩的人們耳目一新的愉悅和欽佩。

謝道韞見識不似女子，詩作別緻清麗，才情橫溢，創作了無數充滿想像力和詩性的優美之作，令人讀來妙趣橫生、浮想聯翩，實在稱得上一代才女。

陶淵明無聲勝有聲

陶淵明是東晉大將軍陶侃的後人，雖然陶家曾經十分榮耀，可是到了陶淵明這一代，卻漸漸衰落下來。尤其是陶淵明本人雖然是個飽學之士，卻十分欣賞老莊逸出塵世的思想和歸隱山林的做法。所以更是無心仕途，只想隱居田園，過自己逍遙自在的生活，希望和自然相親相近。

陶淵明並不是沒有出仕做官的機會。一次，他家的世交老友想盡方法在朝廷為他謀得一個小小的地方官的職務。官職雖小，但也算是讓讀書出身的陶淵明有了可以養家的手段。沒想到，陶淵明到任之後倒也還算清明盡職，只是一次朝廷派來的督察前來巡視，他手下人趕忙提醒他，讓他穿好官服前去迎接。陶淵明十分厭惡這樣的阿諛奉承，覺得在官場中這樣忍辱偷生，還不如就此歸隱，雖然清貧也好過這樣子違心的做官。於是他沒等上邊來的督察來到官衙，就掛印而去，還留下了「不為五斗米折腰」的名言。後來陶淵明又有幾次出任小官的機會，可是每一次，幾乎都是因為他不肯與權貴世俗同流合汙，要麼被貶、要麼棄官，到了他四十一歲的時候，陶淵明終於下定決心歸隱田園，還寫了一篇自明心志的《歸去來兮辭》。從此，他與田間農夫一起耕耘著幾畝薄田，清清苦苦的過著日子。可是，他卻覺得這才是他長久以來追求的生活，悠然自得、無所牽絆，徜徉在大自然中，盡情享受他自己理解的田園生活。

陶淵明十分喜歡酒，儘管歸隱之後沒有了美酒醇漿，但是一杯濁酒也很讓他知足常樂。關於飲酒，他就寫了一系列的詩歌來表達自己的心情感受。酒確實能讓陶淵明感受很多也許在平素體會不到的東西。比如，陶淵明並不會彈琴，更不懂音律，可是在他簡陋的書房裡卻掛著一張古琴。這張琴木質古樸，還隱隱有雕描的修飾，只是仔細一看才會發現這張古琴的獨特——沒有琴弦。這張琴並不是陶淵明掛出來附庸風雅的，儘管他不懂實際上的琴音、琴律，可是他卻聽得到不用琴弦也可以奏得出來的優美旋律。尤其是他喝酒喝到興頭上了，就會取過琴來，撫弄一番。那樣子就像是在彈奏，可是實際上是不可能有樂音的。不過，陶淵明卻有著自己的樂趣和心情。在一首詩裡，他這樣表達自己的心情：「琴上無弦心有弦，聽似無聲勝有聲。萬般情思撫弄裡，陋夫莫笑智者癡。」

可見當時怕是也有人在嘲笑陶淵明這樣看似無厘頭的做法吧。不過，恐怕只有陶淵明這樣心無旁騖、任性自然的真性情之人，才能真正體會「無聲勝有聲」的境界吧。

觸類旁通

「手中無弦心有弦，此時無聲勝有聲」，有和無的關係在陶淵明的手指下有了最恰當的闡釋。修身頤養性情，就是要能夠摒棄人與生俱來的缺憾，希望能突破自身的局限，達到與天地相和諧的狀態。

能夠達到這樣的狀態就要有捨有得，在生活的點點滴滴中體會蘊於其中的樂趣。

陳摶高臥

陳摶是魏晉南北朝著名隱士，宋太宗賜號希夷先生，在中國道教史上，他被列為「高祖」，道教徒把他奉為道教至尊，稱為「老祖」，地位僅次於老子、張陵。

陳摶一生充滿神祕色彩，不但是民間流傳著很多關於他的傳說故事，不少文人墨客對他也是相當青睞。《群談採餘》上就記載著陳摶十分傳奇的出生。據說，有一漁翁捕魚，收網時得到一個龐然大物，皮為紫色，形狀如球。漁翁就將這個怪東西帶回家，正要放在鍋裡，想煮著吃，突然室內雷電大震，漁翁趕忙把它取出，扔在地上，那層怪皮一下子裂開，現出一個小男孩子，這便是陳摶。

陳摶青年時熱心仕途，刻苦攻讀，熟讀經史百家，只可惜與仕途無緣，一直難以考取功名。在最後的希望破滅後，他開始求仙訪道，學得精深玄妙的內丹修煉術。曾與呂洞賓、麻衣道者為友。

陳摶在中國歷史上一直以善睡聞名，據說在他隱居華山時，一睡就是一百多天，不動、不飲、不食，實在令人難以置信。

傳說當時周世宗不信鬼神，怎麼都不肯信這個傳言，就乾脆把陳摶請了來，讓他睡在宮中，要自己親眼看看陳摶善睡是真是假。陳摶得知周世宗的用意，當即進《對御歌》一首。內容是這樣的：「臣愛睡，臣愛睡，不臥氈，不蓋被，片石枕頭，蓑衣鋪地。震雷掣電鬼神驚，臣當其時正鼾睡。閒思張良，悶想范蠡，說甚孟德，休言劉備，三四君子，只是爭些閒氣。怎如臣，向青山頂上，白雲堆裡，展開眉頭，解放肚皮，且一覺睡！管甚玉兔東升，紅輪西墜。」

世宗聽完，拍案叫絕：「哈！好一個瀟灑塵外的睡仙啊！」沒想到，還沒等周世宗說完話，陳摶就已經倒地大睡。只見他側身而臥，呼吸平穩，沒有一點聲息，面色紅潤，泛著浮光。世宗心想：果然名不虛傳，當真是說睡就睡。不過倒要看看他能睡多久！便吩咐人好好侍候，自己每天來看一次。

就這樣一天、二天、三天、五天……轉眼間，一個多月過去了，陳摶仍是不動、不飲、不食，而且面色不改，甚至六脈俱無，閉氣凝息。世宗大為驚歎，也更加好奇，歎為神人。待陳摶醒來，周世宗問他：「先生當真是一睡不醒，名不虛傳！能不能告訴寡人，先生是怎麼做到的呢？」

陳摶捻鬚而笑，說：「至人之睡，留藏金息，飲納玉液，金門牢而不可開，土戶閉而不可啟，蒼龍守乎青官，素虎伏西寶，真氣運煉於丹池，神水循環五內。如此即可。」周世宗聽得一頭霧水，似懂非懂，又問：「這一個多月來，先生連身也沒翻一下，難道就沒作過夢嗎？」陳摶說：「至人本無夢，其夢乃遊仙。真人亦無睡，睡則浮雲煙。爐中長存藥，壺中別有天，欲知睡夢裡，人間第一玄。」

周世宗聽完，無可奈何地說：「先生說的境界，實在很玄妙。您自可高臥無憂，盡察天地自然之像。先生之睡是仙人的修行啊，只怕寡人凡俗之身，是怎麼也體驗不到啦！」陳摶搖頭說：「非也，只要拋得世間牽絆，何人不可似至人一般高臥呢？」

觸類旁通

世俗之人，由於沉浮在宦海情場之中，名利聲色都會擾亂他的志向，酒肉膏粱都會蒙蔽他的判斷。醉心塵俗的人，即使在睡鄉夢境也難得安寧。相反，心志淡薄，胸襟開闊，不在日常生活中蠅營狗苟，即便在睡夢中也是在養性修身。

陳摶之所以能夠高臥，就在於能體會「閒情」，即便身在塵俗之中，依舊能夠安枕而眠。如果現代人也能夠像陳摶這樣把握到「閒情」，保持內心的平靜，哪怕是身在名利之中，仍能拋開名利的困擾，安枕高臥，達到「隱於睡」的境界，想必不單會對身體有益，更能頤養性情吧。

顧愷之「三絕」

顧愷之對於詩、書、畫都很下工夫，所以進步很快，二十歲左右，就成為東晉文壇上十分有名的人物，被人們稱為「三絕」，即「才絕、畫絕、癡絕」。

不過顧愷之並不像其他的聰明人那樣，自以為聰明就不肯用功讀書。相反地，他很愛讀書，並且讀書的興趣非常廣泛。據說他為了鑽研寫詩，常常和謝瞻一起吟詩。謝瞻在當時文壇上負有盛名，據說六歲的時候就能寫出很好的文章了。顧愷之每作好一首詩，都要到謝瞻府上，請他提提意見。謝瞻非常稱讚，也很欣賞他的詩。有一天夜裡，在皎潔的月光下，他們兩人又在一起吟詠詩篇。時間長了，謝瞻感到很累，要去睡覺，就讓別人代替自己和顧愷之一起朗讀。專心致志的顧愷之，直到第二天早上都沒有發覺謝瞻已經不在旁邊了。

所謂「癡絕」，指的就是顧愷之在生活上表現出一種天真、爽朗、不愛計較得失的性格。他為人詼諧，愛說笑話，饒有風趣。有這樣一個小故事：他有一櫥畫，寄放在好友桓玄的家裡，哪裡知道，貪心的桓玄竟把畫偷走了，後來還對顧愷之謊稱，是一時不慎失竊了。顧愷之知道自己心愛的畫丟失了，當然著急萬分，直接到桓玄府邸上查看，結果存放畫的屋門上的封條還是完好無損。這下顧愷之當然心中清楚，但他並不責備桓玄，只是詼諧的說：「我的畫顯靈了！成仙了！飛上天去了！」

「才絕」是指他精通詩歌文賦，寫下了許多優秀的作品，被人傳誦。當然更為重要的還是他在繪畫藝術上取得的成就，已經達到了隨心所欲的佳境。這就是人們所說的「畫絕」。

晉哀帝興寧二年，江寧的和尚慧力主持興建瓦官寺，寺裡的和尚為了籌集資金，擺設酒宴，邀請名士官僚來寺中鳴鐘擊鼓，並且藉機向他們化緣募捐。可是當時一般的士族官僚捐的錢沒有一個超過十萬的。但顧愷之卻滿口答應一個人捐助一百萬。大家見他認捐的數目如此巨大，都不太相信，認為他不是在說大話，就是在開玩笑。過了一些日子，和尚拿著化緣簿來向顧愷之討捐款。顧愷之不慌不忙地對和尚說：「你們在新蓋的寺廟裡，準備好一潔白牆，我自有道理。」和尚不知道他要幹什麼，也不便追根究底，只好照著他的話去做。

就在新寺落成不久，顧愷之帶了繪畫的工具，來到了寺廟裡。他在那裡住下，在準備好的白牆上作起畫來。他畫的是佛教故事裡的菩薩——維摩詰的畫像。維摩詰是印度梵文的譯音，它的意思是清淨無垢、名聲遠佈的菩薩，是很受佛教僧侶和信徒們尊敬的一尊菩薩。顧愷之經過一個月的辛勤工作，畫像基本已經完成了，只是沒有畫眼睛。

這是顧愷之畫人物像的習慣。據說，他的人物畫很少為人物點睛的，原因很簡單，一旦點上眼睛，那人物就活脫脫要從畫上走下來似的。這次，顧愷之對廟裡的和尚說：「明天你請大家來看一幅畫。告訴大家，在第一天我要為畫像開光。然後，頭一天來看畫的人要捐十萬錢；第二天來看的人可以減一半，只捐五萬錢；第三天，來看的人願意捐多少就捐多少。」這消息一傳出去，整個建康為之轟動，顧愷之要親自為畫像點睛，而且還是維摩詰的「開光」！大家都想去一飽眼福。

到了那天，人們爭先恐後地來到寺廟裡，打開窗戶一看，只見牆上是一幅維摩詰的畫像。顧愷之正在舉筆給維摩詰點眼睛。這點睛俗語叫「開光」，當真是傳神的一筆，也是特別重要的一筆。維摩詰的眼睛一經顧愷之點出，整個畫像就栩栩如生，就像是真人一樣，有了表情了。他那微妙的目光，他那慈祥莊嚴的神色，好像是在那裡沉思，又好像在那裡和人談話，真是神態自若、惟妙惟肖，給人一種寧靜聖潔的感覺。寺廟裡的和尚見來的人很多，趁機拿著化緣簿向大家募捐，很快就募足了一百萬錢的數目。顧愷之給維摩詰點睛，也成了千古傳頌的佳話，足見其繪畫之絕。

觸類旁通

情感蒼白、自身貧乏的人，很難在自己的周邊感受到生活的趣味、人生的多彩。因而，豐富自己的才情，首先使自己的生命多上幾抹色彩，才可能看到周遭世界的五光十色。

顧愷之嬉笑之間，灑脫自如，點畫之下就可以賦予線條生命。這些的源泉就在於他自身生活和生命的多彩和豐富啊。

破鏡重圓

南朝末年，偏安一隅的陳後主十分昏庸，終日沉溺酒色，不理朝政，只是一味在後宮遊宴，與寵妃、貴嬪廝混。宮廷裡宦官橫行不法，朝堂上貪官汙吏你爭我奪，弄得民間怨聲載道，國勢日衰。同時，在北朝隋已經代周而起，在隋文帝楊堅勵精圖治下，國勢日隆，大有吞併南陳，一統中華之勢。

陳後主的妹妹樂昌公主，自幼生長在深宮裡，長大以後嫁給了太子舍人徐德言。夫妻兩人感情很好，一向過著不問世事的自在生活。只是他們並沒能一直這樣悠閒下去。到了開皇八年，隋文帝下令南伐，發兵五十萬準備渡江。陳後主聽說以後並不在意，自以為「王氣在此」，照舊縱酒行樂。駙馬徐德言雖然不是諳熟政治，卻也預感到亡國之禍即將來臨，他自知恐怕難以免於劫難，便對樂昌公主說：「以你的才貌品性，國亡之日恐會被權豪人家所奪。以後若是我們兩人情緣未絕，或許還有能夠相見的一天，不如準備一件東西作為日後重逢的信物，好能緣續今生。」於是他拿起公主梳妝檯上的一面銅鏡，將其一破為二，夫妻各執一半。並且與樂昌公主約定，如果夫妻失散，公主不幸被擄，就要在正月十五那一天，讓人拿著鏡子到京城市上去賣，自己在那時定會去尋找。果然沒有多久，在隋的大舉進攻下，陳幾乎是毫無還手之力便亡國了，徐德言夫妻兩人也在一片混亂中失散。樂昌公主被俘虜以後，落到隋宰相越公楊素家做妾。徐德言歷盡艱辛，也輾轉來到長安。

徐德言一直在四處打聽妻子的消息，只是陳剛剛滅亡，陳的舊貴皇族流落或是被俘京城的很多，一時半會兒真是毫無頭緒。儘管徐德言十分擔心妻子究竟處境如何，但是也沒有辦法，只有靜靜等待正月十五日，也許能有妻子的消息。正月十五那天，徐德言一早就急忙去市上尋訪，果然不久就看見一個僕人手執半邊銅鏡正在叫賣。由於要價很高，惹得路人嘲笑不已。徐德言就把這個人領到自己的住處，取出另一半銅鏡，恰好合二為一。他悲喜交集，題了一首詩讓僕人捎回。「鏡與人俱去，鏡歸人不歸。無復嫦娥影，空留明月輝。」

僕人回府把這首詩交給了樂昌公主，公主看到這首詩以後，萬分難過，泣不成聲，哭倒在房中。晚上楊素要招待貴賓，命樂昌公主出來獻曲。樂昌公主實在沒辦法強顏歡笑，就託病沒去。楊素並沒有怪罪，只是向她問明了事情的原委。樂昌公主沒有隱瞞，把她和徐德言的故事前前後後詳細告訴了楊素。楊素聽後很受感動，他差人召見徐德言，宴請這對舊日夫妻。席間楊素令樂昌公主賦詩，公主吟道：「今日何遷次？新官對舊官。笑啼俱不敢，方信做人難。」短短四句，把那種又驚又喜、又悲又懼，飲泣吞聲、左右為難的心情表達得十分真切。後來楊素高抬貴手，將公主歸還給徐德言，讓他們一同回江南去了。

此後，「破鏡重圓」就成了人們非常熟悉的一句成語了。

觸類旁通

真正的深情不是簡單可以用雅致情趣一言以蔽之，那是在日積月累之中醞釀起來的，可以共度危難、經風歷雨的動人情感。人們會為之感動，並將這樣的故事傳為佳話。就像是樂昌公主和徐德言情深意重、離而不棄，最終不但能以鏡為憑找到對方，還以此感動楊素，終於讓他們重新團聚相守。

高適的「江」

唐代著名的邊塞詩人高適，在出任兩浙觀察使時，曾經奉命到臺州去巡查。那時正直初秋，一路上秋高氣爽的天氣，讓高適的旅途不是那麼乏味。特別是路過杭州清風嶺時，山色秀麗，風景宜人，使得高適流連忘返，最後還留宿在山中的古寺裡。

在寺裡吃過晚飯，高適看見空中的明月高懸，夜空就像洗過似的清透，清爽的晚風微微拂面，讓人感覺很是舒服，於是他信步走出山寺，在廟門外欣賞夜景。從山上望去，山下的錢塘江水映照著天上的皎月，隨著微微的秋風，泛著粼粼的波光，滿滿一江水溫柔地怕打著青色的山石。高適完全沉醉在眼前的美景中，直到幕僚叫他，才回房休息。

回到僧房，高適還是不能忘記從白天起，就在山嶺上的所見所感，一時詩情激盪，就提筆在牆上題詩一首：「絕嶺秋風已自涼，鶴翔松露濕衣裳。前村月落一江水，僧在翠微開竹房。」

第二天清晨，高適為了趕路，起了大早。這時月亮早就落在了西山後面，朝陽還沒有完全露出顏面，高適這時已經下了清風嶺，正要準備過江。可是他發現江水已經退了很多，完全不像昨晚所見的那樣，是滿滿一江水了。這時他才想起來，錢塘江是隨潮汐漲落的：月升時，江水就會隨潮水而漲，江面就會寬闊起來；月落時，江水又會隨潮汐退去，只剩下半江水。這一下子，高適立刻想起自己在僧房裡留下的那首詩，其中那句「前村月落一江水」，豈不是不符合眼前的現實了嗎？這讓一向嚴謹的高適懊惱萬分，他後悔不該把看見月到中天時的江水，當作月落時的江水寫入詩裡。高適恨不得現在就回去馬上把牆上的詩修改一下，可是因為急著趕路，也就只好作罷了。

過了一個月，高適在臺州的公幹終於結束了，當他返回任地的時候，再次路過清風嶺，他還是對自己那首有問題的詩耿耿於懷，於是特地到他題詩的僧房，準備修改一下題詩。但是，當他看到自己的題詩時，不由得會心一笑。原來，他已經晚了一步，不知道是誰已經把「一江水」的「一」字添了幾筆，改成了「半」字。

「前村月落半江水」，高適念罷，直說：「改得好！改得好！只可惜無緣見到這位『一字』知音了。可惜！真是可惜啊！」

觸類旁通

伯牙、子期之所以能夠透過音樂結為生死之交，就是他們都明白音樂裡面傳達出的彼此的心意，進而互相指點、彼此欽佩，也因此被稱為知音。高適一時不慎在詩中出現了錯誤，那不知名的詩人，不但領悟高適詩中情意，更發現了高適的失誤，這巧妙的一改，可謂是高適的「一字」詩友。

李白「上當」

唐代大詩人李白，一生喜歡遊覽名山大川，又嗜酒如命。

李白路過涇川，當地有個性格非常豪放的人，名字叫汪倫。汪倫聞訊，立即寫了一封信給李白：「先生好遊乎？此地有十里桃花；先生好飲乎？此地有萬家酒店。」

李白接信後非常高興，很快就來到了汪倫的家裡。汪倫十分熱情地接待了這位久仰大名的詩人，隨後對他說：「實不相瞞，我所說的『十里桃花』，是指這裡有個桃花潭；『萬家酒店』是因為有家姓萬的人開的酒店。非真有十里桃花、萬家酒店啊！」李白聽後哈哈大笑，雖覺「上當」，可是對於汪倫的心意還是能理解的。

汪倫對李白一見如故，十分友好。李白臨走的時刻，特地賦絕句一首，這就是流傳千古的〈贈汪倫〉：「李白乘舟將欲行，忽聞岸上踏歌聲。桃花潭水深千尺，不及汪倫送我情。」

觸類旁通

欺騙，總會召來被騙人的怒氣，甚至是報復。但是，要是無傷大雅的善意謊言，再稍加注意言詞巧妙富有意趣，那就是一個會令人展顏一笑的小小插曲。這樣，非但不會讓人生氣，還會敬佩其人的才情雅趣吧。

汪倫為了能見到李白，投其所好，極為合理地利用同音誤導李白，使他認為這裡有無限美景、不盡好酒，從而成功地把他引到自己的家鄉，還留下了這樣一首友誼深重的千古絕句。

白居易詩約韜光

唐代著名詩人白居易性好茶，而且還很講究對於茶的選擇和烹製。據說他對水、茶、具的選配，以及火候、湯色的把握都很講究。他烹茶愛用山泉水，但又不單單是山泉水最好，他也會因地制宜，時常因地擇水；或者，按季節有選擇的使用雪水，有詩為證：「吟詠霜毛句，閒嘗雪水茶。」有時也會用河水：「蜀茶寄到但驚新，渭水煎來始覺珍。」但是都要求水質潔淨清透，詩人就覺得珍貴。而且，詩人煎茶的手藝也是十分高超的，他會細心地添湯舀水，耐心等待水沸，直到「花浮魚眼沸」，然後再將碾得嫩黃如塵的茶末投入茶甌。

白居易還很有興致親手開闢茶園種茶。他在江州任司馬的時候，就在香爐峰遺愛寺的旁邊開闢了一片茶園，以種茶育藥為產業，和詩友一同品茗論詩，勞作遊戲。在他種的茶裡，最好的就是雲霧茶了。也許正是詩人對茶如此偏好，才會在民間流傳很多關於白居易與茶的故事佳話吧。

據說當年白居易任杭州刺史的時候，更是在這龍井之鄉如魚得水，盡享茶之樂趣。在此期間，他飽覽了兩湖的湖光山色，沉醉於西湖的香茗甘泉，與文人詩僧品茗吟詩，酬答往來，還留下了與靈隱寺韜光禪師汲泉煮茗的一段趣聞呢。

話說有這麼一天，白居易在自己的官衙待著覺得很沒有意趣，就決定煎上些香茶聊慰寂寞之感。順便就想到自己一個人就算是有再好的茶，一人獨樂還是沒有情趣。突然，他靈光一動，突然想起前些時候，靈隱寺的韜光大師來官衙拜會，自己那會兒正政務纏身，竟沒能好好招待大師，現在想來還是遺憾非常。好不容易今日如此得閒，為什麼不再請來大師，一起品茗論詩呢？主意一定，白居易就以詩邀請韜光禪師到城裡來做客。只是他生性不拘小節，就半開玩笑似的寫道：「命師相伴食，齋罷一甌茶。」

沒想到韜光禪師卻沒那麼好開玩笑。大師覺得，白居易本就是公門中人，若非他詩名才氣，自己斷不會與官家有什麼瓜葛來往。白居易這樣邀請的語氣，使得韜光禪師心有不滿。他不肯屈從，就以詩回敬：「山僧野性好林泉，每向岩阿倚石眠……城市不堪飛錫去，恐妨鶯囀翠樓前。」乾乾脆脆地回絕了白居易的邀請。看到大師的詩句，白居易才猛醒，知道自己這次的玩笑是開過頭了些。於是，他立刻親自登山拜會大師，以自己的誠心和烹茶的手藝與大師盡釋前嫌。他和韜光一起品茶論詩，傳說杭州靈隱韜光寺的烹茗井就是當時白居易的烹茶處呢。

觸類旁通

才智足以達情，愛好足以寓娛，那無論是何時何地，生活在什麼樣的狀況之下，想必都可以體會到細枝末節的詩情畫意，不單愉悅自己，更能與人同樂。

白居易不但好茶，更是擅詩。他能夠把自己對茶的喜愛、對人的邀請都用詩歌表現出來。並以此結交茶朋詩友，當真是不亦樂乎。

燕子傳書

白居易一首〈琵琶行〉道出多少商人之妻的心酸和無奈。可是在當時的社會，確實有許許多多這樣只能守望家門，癡癡盼著自己的丈夫快點回轉家中的商人婦。甚至她們還不比白居易〈琵琶行〉中的琵琶女，尚可跟在丈夫身邊，只能一人獨守，望著春去秋來，慢慢耗盡自己的青春年華。只是，商人遠行，可以在別處另安家室，但是女子卻只能蹉跎歲月，不知遠方的丈夫什麼時候才能有個音訊。她們想著、盼著，只希望可以讓丈夫知道自己在家中對他的思念和記掛。

在開元年間，長安有個叫郭行安的人，他把女兒郭紹蘭嫁給鉅賈任宗為妻。成親沒有多久，任宗就拋下新婚的妻子前去湘中一帶做生意。當時，丈夫對郭紹蘭信誓旦旦，多則半年，少則數月，肯定回來與妻子相會。可是這一走，竟是一去數年。雖然中間還有幾次報平安的書信傳回來，可是總是見信不見人。到了後來，幾乎連信都不肯再寫。偌大個家宅，雖然使奴喚婢、錦衣玉食，但是總是紹蘭一個人，難免會覺得孤清冷寂。可是，她的思念和無奈卻沒有辦法讓遠方不歸的丈夫知道。她多想丈夫能夠知道自己的一片誠摯，回心轉意，不是這樣常年在外，也能回家來看看自己這個孤獨的妻子。紹蘭一個人在家裡苦悶異常。

一日，她看見家裡正堂中有燕子在樑間嬉戲，一時感傷，便向燕子歎道：「聽說你從海東面來，湘中是來回必經之地。我夫婿離家不歸，已經好幾年沒有音訊了，生死存亡全然不知。燕子啊燕子，你若是有靈有知，可請你代我投書給他！」說罷，淚如泉湧。沒想到那隻燕子似乎真的聽懂了郭紹蘭的話似的，在樑上迴旋飛鳴。紹蘭萬分驚喜，忙說：「你如果答應我的話，就快飛到我懷中來。」燕子果然聞聲就落到她的膝上。於是，紹蘭扯下一塊白綾衣襟，咬破手指，寫下寫一首詩，繫於燕足。詩中說：「我婿去湘湖，臨窗泣血書。殷勤憑燕翼，寄予薄情夫。」

剛剛繫好，那隻燕子雙翅一振，高飛而去。這時的任宗正在荊州，一天正策馬在路上奔波，忽然一隻燕子飛落到肩上，他驚奇之中發現燕足上繫著一封詩信。讀罷詩信，任宗頗受感動，第二年便返回家中了。這段燕子傳書的佳話在《全唐詩》注中也有簡單記載呢。

觸類旁通

雖然有點像神話一樣，但是足可見紹蘭用情之深可以感動天地，以致燕子也會為其傳書以寄相思。古往今來，談「情」的可謂多矣，不過「情」無形無態，儘管「情到深處意自現」，但是要傳達一種沒有形態的情感，還是化作看得見、觸得著的實體。即使簡樸，也能通情達意；若是再精細些，傳達就是「情趣」。

薛濤箋

薛濤是唐中期著名女詩人，曾經和很多著名詩人相互贈詩唱和，才名卓著。薛濤雖然也曾是出身世家，但是家道中落的噩夢，使得這位也曾經養尊處優的貴族小姐，不得已為了討生活而自入樂籍（唐代以姿色、歌舞、才藝娛人的女子，身分低微）。薛濤才思敏捷、出口成章，凡是有她到場的宴會總會聲色俱佳，使得賓客們盡興而歸，所以薛濤一向是高官貴族府上的常客。後來薛濤曾經依附過成都的高官，還曾經一度認為自己可能找到了最後的歸宿。可是有一次，薛濤與這位高官一起出行前往松州，在路上薛濤以這位高官準夫人的身分接受了沿途小官吏們的謁見。薛濤只是一時貪玩，卻萬沒想到這個曾經給了她校書職位，一直對她倍加欣賞的人，竟然大發雷霆，還險些將薛濤依法治罪，流配遠方。總算在很多人的勸阻下，才放過薛濤。薛濤從此再不敢張揚，也終於認清了自己樂籍身分的悲哀。

松州之行使薛濤徹底認識到自己寄人籬下、卑微低賤的生活處境。

回成都後不久，她便脫去樂籍，退居浣花溪畔。她在這裡結廬而居，還在門前種滿琵琶花，遠遠望去就像置身於絢麗如霞的花海中。在距離薛濤草廬不遠的地方，就是通往長安的大道，那裡車水馬龍，行人往來不絕。

雖然薛濤脫去樂籍，但是她的才名、文筆還是受人仰慕，她住的地方也成了許多文人傾慕之所在。他們或登門拜訪，或與這位才女以詩書相往還。這樣平靜的日子，才使得薛濤覺得生活不再無所依託。她每日會客，照顧自己的花花草草，徜徉在浣花溪邊，懷古悼今，偶有詩情就想隨手記下。薛濤一向好作小詩，可是當時規格統一的紙箋幅面較大，隨身帶起來很是不方便，用起來就更不方便了。薛濤左思右想，終於有了主意。她自己設計，獨出心裁，用浣花溪水和著自己栽種的琵琶花，製成精巧美麗的桃紅色小箋。這種紙箋只相當於普通紙張的四分之一，恰好能夠寫下小詩一首，記事傳意很是方便。蜀箋本來就很有名，經薛濤之手這樣改造一番，製作工藝就更趨完備。這種小巧、實用的紙箋頗受人們歡迎，文人尤喜用它題詩。後來，人們乾脆稱這種紙箋為「薛濤箋」。而今，「薛濤箋」風行千年，竟成了精緻紙箋的代稱。

觸類旁通

生活的乏味就在於不懂得將乏味的生活調理得有聲色起來。也許就是一張小小的卡片，抑或是一只別致的杯子，那精緻細微的趣味，慢慢累積起來，就可以把生活填上各種各樣的色彩。也在不知不覺間，改變了原有生活的味道。

薛濤或許沒有意識到，一張小小紙箋的誕生，其實是她生活重有亮色的表現；她更不會想到，她的一時興趣，竟然造就了後來流傳千年的「薛濤箋」。

人面桃花

「去年今日此門中，人面桃花相映紅。人面不知何處去，桃花依舊笑春風。」

這是一首流傳很廣，幾乎婦孺皆知的唐詩。將女兒家的粉面玉顏比作春天裡盛開的桃花，怕就是從這首詩中來的典故。不過，關於這首詩的由來，還有一個相當美麗的故事呢。

相傳有一年清明節前後，天在陰濛濛了幾天之後，終於雲開霧散了。詩人崔護悶在家裡幾天了，好不容易見到了久違的太陽，就決定出城去散散心。他一路信步走著，看著沿途春意盎然的田間景致，覺得十分愜意，幾天來因為下雨積聚下的不愉快全部一掃而光。不知不覺，崔護已經從城北走到了城南。太陽也已經日過中天，一直沉醉在無限美景中的崔護，這才察覺自己早就走得疲乏不堪，特別是乾渴難耐。他很想找些水來，抬眼望去，正好看見不遠處有一個不大的村子，村口一戶人家院牆四周栽滿桃樹。這時節，桃花正開得繁盛，遠遠看去就像是一片粉紅的雲煙。也許就是受這麼一片桃花的吸引，崔護不知不覺之間來到那戶人家前。

他輕輕敲敲虛掩的木門，只聽裡面有一個清脆悅耳的女子的聲音問道：「誰呀？」崔護恭敬地答道：「過路之人，實在乾渴，妄求討口水喝。」就聽見裡面那位女子沉吟了片刻，才說：「稍等一下。」不久，木門吱呀一聲打開了，只見一個荊釵布裙的女子，端著一個粗瓷的碗站在門裡。崔護趕忙深深一揖，表示感謝。姑娘只是笑著把碗遞過去。這時崔護才看清楚姑娘的容貌，儘管是布衣粗服，卻絲毫不能掩住姑娘的姿容。那在院子周圍怒放的桃花，這時也在這女子面前失去了顏色，反倒在姑娘容顏的映襯下更有嬌美之姿了。崔護不敢無禮多視，趕緊埋頭喝水，然後還了姑娘的瓷碗，匆匆離去。不過那姑娘的容貌卻已經深深印在崔護的心裡。

時間過得很快，一轉眼一年已經過去，又到了清明時節，崔護不禁想起了去年城南那與桃花映襯的女子。他再次來到這家門口，桃花依舊開得繁花似錦、花團錦簇，只是在它們層疊圍繞下的院子卻家門緊閉，還上著鎖，崔護想念的姑娘不知哪裡去了。一陣惆悵，崔護在那家門外徘徊了一會兒，就在門上寫下了這首詩，然後遺憾地離開了。

過了些天，崔護還是沒有放下這件事，再次來到城南。這次，一位老人開門迎接了他。當老人知道他就是在門上題詩的人，立刻像見了救命稻草一樣，一把抓住崔護，說：「先生，前些日子，我和女兒拜走遠親回來，一看到這首詩，就臉色大變，沒出一天就病倒在床。我請了好些大夫，怎麼吃藥也不見好。最後，大夫們說，藥石無效就是心病了，他們醫不了的。可是女兒的病還是一日重似一日，這眼見著……眼見著就快不行了啊！」

崔護一聽，立即衝進屋裡，看到床上氣息奄奄的女子，可不就是自己一直念念不忘的人兒嗎？只是現在病得形銷骨立，不覺心中難過，流下淚來。說來也奇怪，姑娘一見崔護，病竟然奇蹟般地好了。

老人高興極了，就把女兒嫁給了崔護。崔護就這樣以詩結下了一段好姻緣。

觸類旁通

一見鍾情的浪漫，含蓄熱烈的詩意表達，這樣的浪漫是一種純真的心態，也是一種生活的熱忱。只有當你熱烈地付出愛時，它才會翩然而至，這樣的浪漫甘若晨露。崔護結下的這段姻緣，是在詩歌牽引下，有如《牡丹亭》裡杜麗娘那樣可以為情而死、為情而生一樣的浪漫愛情。

蘇軾茶聯諷老道

蘇軾因上書論新法的不合理和缺陷，觸怒了權貴，由開封府推官而調任杭州通判。不過蘇軾一向心胸開闊，對宦海沉浮並不放在心上。一邊處理好政務，然後政事之餘，常縱情於山水，以遣愁懷。聽說杭州西北一百餘里的莫干山風景秀麗，他決定親往一遊。

這時正好春天時節，桃李盛開，惠風和暖。這天蘇軾遊興勃發，信步登山，但見林木蔽天、山澗飛瀑、小道曲折，景色清幽，不覺心曠神怡。他滿山遊轉，興致越來越高。轉過山彎，突然發現一座飛簷紅牆的道觀，掩映在蒼松翠柏之間，別有一番氣勢。他走得也有些困乏，便到觀內客房休息。

道觀的主持是個老道，他見蘇軾葛巾芒鞋，衣著簡樸，以為只是山野村夫來道觀瞻仰，便指著一個圓凳冷淡地說：「坐！」又對道童說：「茶！」

蘇軾見老道對自己態度輕慢，也不在意。他取過道童放在桌上的茶，呷了一口，覺得味道苦澀，便不再飲，轉身同老道攀談，詢問道觀的來歷。老道一一告知。

透過交談，老道方知來客精通莊老之學，談詩論文，頭頭是道，不類凡夫俗子，頗為驚異。此時蘇軾已站起身來，走到窗前觀景，老道便指著旁邊的黑漆木椅說：「請坐！」又吩咐道童說：「敬茶！」道童一聽觀主吩咐敬茶，便知來客不凡，忙把苦澀的茶倒了，重沏一杯菊花茶奉上。蘇軾正談得口渴，也沒客氣，一飲而盡。老道見蘇軾態度從容、談吐不凡，有心結識，待他飲完茶，便彬彬有禮地問道：「適聽高論，妙語如珠，使小道大開茅塞，獲益匪淺。不知先生仙鄉何處、尊姓大名？尚望明告。」蘇軾回答說：「在下蘇軾，西蜀眉州（今四川眉山）人氏。」老道一聽，方知這個葛巾芒鞋、衣著簡樸的遊山者，就是文才蓋世、大名鼎鼎的蘇學士，連忙躬身賠禮：「適才不知學士駕到，小道有眼無珠，諸多簡慢，尚乞恕罪。」說完，親自端了一把日常坐的雕花金鏤紅木椅放在上首，恭敬地說道：「請上坐！」又連聲吩咐道童說：「敬香茶！」蘇軾見老道前倨後恭，知他是勢利之人，也不謙讓，端然上坐。道童見觀主對蘇軾如此敬重，連命自己敬香茶，便趕到書房，取出觀主去年雲遊杭州時帶回的龍井茶，重新沏上，恭恭敬敬捧給蘇軾。蘇軾才呷了一口，就覺得沁人心脾，不由精神一爽，談興更濃，從孔子問禮於老子，談到三教源流，旁徵博引、鞭辟入裡，老道隨聲附和，哪敢再置一詞。

這時紅日銜山，雀鳥歸林，蘇軾見天色不早，便欲起身告辭。老道苦留不住，便命道童馬上鋪紙磨墨，然後對蘇軾說：「學士文才書法，海內尊仰。今日得識尊顏，實是三生有幸。乞請大筆一揮，手書一聯，則山門增輝，功德無量矣！」蘇軾見紙已鋪好，不便推辭。他想到老道先冷後熱、前倨後恭，皆因自己薄有微名，如為山野村夫，怕是斷然不會如此。覺得看破紅塵的世外之人，竟然如此勢利，未免有些可笑，決定藉此機會，開導一下。他向來文思敏捷，略一凝思，便把老道對自己和道童說的三句話，綴成一聯，寫在紅紙上：坐，請坐，請上坐；茶，敬茶，敬香茶。

老道見蘇軾在聯中隱含諷喻，批評自己不該以勢利眼光看人，不由滿面通紅，又是慚愧，又是感動，便恭敬地對蘇軾說：「學士開導，語重情長。小道不才，今後再不敢以衣冠取人了！」蘇軾也自謙了一番，然後拱手一禮，告辭下山。

觸類旁通

勸誡別人，可以用很多種方法。不過勸也好、諫也好，總歸是點出人的毛病，說些讓人不會舒服的話來。要是能將這些聽來刺耳的話用風趣幽默的方式表現出來，即便是難以接受的話，也會在情不自禁的一笑之下，變得可以理解吧。

能用調侃幽默來調劑生活，恐怕一直是蘇軾經歷幾多官場風雨之後還能豁達開朗，走出一個豐富、多姿而又生意盎然的人生的祕訣之一吧。對於勢利的道士，他能就地取材，恰如其分地寫下一聯，既點明了道士以衣冠取人的毛病，也暗含風趣使道士欣然接受。

蘇小妹三難新郎

宋代著名的文學家蘇洵，他的兩個兒子蘇軾、蘇轍，也都才華橫溢、文采出眾，在詩詞文賦上成就非凡，所以世人稱他們為「三蘇」。一時之間，「蘇門」才學為天下文人所傾慕，享有很高的聲望。蘇洵還有一個女兒，名叫蘇小妹，更是天資聰穎、才智過人，詩詞歌賦無不精通，就連蘇軾也常常慨歎小妹之才華更勝鬚眉。蘇洵更是視小妹如珍似寶，決心為她挑選一位才學非凡，堪與之相配的夫婿。蘇洵再三思量，想出了個以文選婿的招數。很多青年才俊久聞小妹之才名，紛紛慕名而來，求婚者絡繹不絕。

著名的詞人秦觀也是其中之一。他到了蘇府，見到摯友蘇東坡後，兩人一同去拜見蘇洵，講明求婚之意。於是他暫住在蘇府，終日與蘇東坡吟詩作對。一日，求婚者陸續趕到，集聚蘇府，蘇洵要求每人做一篇文章。蘇洵先過目了一遍，覺得秦觀的文章與眾不同，十分賞識，便轉給女兒批閱。蘇小妹批道：今日聰明秀才，他年風流學士。可惜二蘇同時，不然橫行一世。意思是說秦觀的文才，在大蘇、小蘇之間，除卻二蘇，沒人及得。既保全了兄妹的情面，又表達了自己欽慕的心跡。蘇洵心知肚明，當下便決定選秦觀為婿，就在蘇家辦婚事。

只是秦觀性格孤傲，雖然心中也暗自欣喜，但是不知道蘇小妹長得什麼模樣，決定趁小妹上山拜佛之際，偷偷看上一眼。秦觀打扮成遊方道人的模樣，早早在寺廟中等候。天色黎明，蘇小妹的轎子就到了。小妹出轎上殿，秦觀在一旁偷偷觀看，只見小妹秀麗端莊，舉止清雅悠閒，全無俗韻。心中暗暗高興，但是轉念一想，不知道她才學如何，是否真如傳聞所說才華橫溢、聰慧過人。於是決心試探一下。

秦觀算著小妹應該已經焚香完畢，便沿著長廊向前迎去，兩人正好在大殿前相遇。秦觀走到小妹身邊，施禮道：「小姐有福有壽，願發慈悲。」小妹應聲答道：「道人何德何能，敢求布施！」秦觀反應機敏，脫口而出：「願小姐身如藥樹，百病不生。」小妹一邊走，一邊從容不迫地回道：「隨道人口吐蓮花，半文無捨。」秦觀直跟到轎前，又問道：「小娘子一天歡喜，如何撒手寶山？」小妹不假思索地回道：「瘋道人恁地貪癡，哪得隨身金穴！」小妹說完，便向轎子走去。秦觀轉身時，口中喃喃自語道：「『瘋道人』得對『小娘子』，只是僥倖。」小妹聽了，全不在意。

等到結婚之日，蘇小妹才認出新郎原來就是在廟裡糾纏自己的瘋道士，便想出新婚之夜三難新郎的主意，以回敬他在廟裡對自己的不敬，同時也跟他開一個玩笑。

洞房之夜，蘇小妹將秦觀關在門外，命丫鬟給他三道試題，答出來，才能入洞房。

秦觀心想：肯定是小妹不滿我在廟中試她，想為難我呢。殿試我都考過了，何懼之有？於是說道：「請第一題。」丫環取第一個紙封拆開，請新郎自己看。秦觀看到，裡面封著一幅花箋，寫著四句詩：「銅鐵投洪冶，螻蟻上粉牆。陰陽無二義，天地我中央。」

第一句「銅鐵投入洪爐中冶煉」，就是「化」的意思。第二句「螻蟻爬上雪白的粉牆」，含有「沿」的意思，「沿」與「緣」相通。第三句反過來看陰陽中只有一義，那就是「道」。第四句天地宇宙中間的，就只有「人」了。四句合起來就是「化緣道人」。秦觀想道：「這個題目，容易做。我曾經假扮作雲遊道人，跑去嶽廟化緣，試探小妹，看來她是在藉詩嘲笑我。」秦觀略一沉吟，取筆在題後寫道：「化工何意把春催？緣到名園花自開。道是東風原有主，人人不敢上花臺。」

丫環見詩已經作好，便將第一幅花箋摺做三疊，從窗隙中塞進房中，高叫道：「新郎交卷，第一場完。」小妹拿過花箋來讀詩，每句第一個字，合起來正好是「化緣道人」四字，微微而笑。

秦觀又打開第二封來看，還是一幅花箋，題詩為：「強爺勝祖有施為，鑿壁偷光夜讀書。縫線路中常憶母，老翁終日倚門閭。」

秦觀見了，略微思考了一下，便提筆一一注明。第一句「強爺勝祖」是孫權，第二句「鑿壁偷光」是暗指孔明，第三句由絲縷縫線想到：「慈母手中線，遊子身上衣。臨行密密縫，意恐遲遲歸。」自然就是藉指「子思」，第四句「老翁整天倚依門閭」，自然是「望」，那就是指太公望了。

丫環從窗隙遞進答案。秦觀雖然不動聲色，心裡卻放下心來，他想：「前兩個題目，對我來說並不難，接下來第三題肯定是對句。我平日裡和文友吟詩作對，早已司空見慣，看來不足為難。」於是，輕快地拆開第三幅花箋，蘇小妹出的上句為：「閉門推出窗前月」，秦觀一下子被難住了，急得來回踱步。正好蘇東坡從這裡經過，聽到了蘇小妹出的上聯，本想提醒妹夫，但又怕傷了他的面子。因此當秦觀踱步到池塘邊時，蘇東坡撿起一塊石子，投進池塘。頓時，清澈的池水映著星光、月影四散開去。秦觀見此情景，靈機一動，吟道：「投石衝開水底天」。

蘇小妹聽罷，知道秦觀果然才高八斗，心裡暗暗高興，遂打開房門，迎新郎入洞房，共度良宵。

觸類旁通

夫妻之間的情趣，總是蘊藏在日常生活中的瑣瑣碎碎，需要靠人的才情和志趣來點綴豐富。蘇氏一門盡皆才俊，蘇小妹的才智絲毫不遜色於她的兄長，才思敏捷、機智靈活、博學多才。正因為如此，才能在洞房花燭之夜，以巧妙的問題，考驗新郎的才情，為生活平添一絲詩意和樂趣。

李清照與夫鬥茶

宋代文壇以詞最盛，北宋、南宋都有一批著名的詞人。在北宋末年、南宋初年，就出現這麼一位才學出眾的女詞人——李清照。她的詞清麗婉約、優雅流暢，不論是北宋時期家居小詞，還是南渡之後備受磨難的感發之作，都寫得頗有聲色。

李清照是世家出身的才女，自幼習學詩書，加上她天資聰穎，所以不到及笄之年就已經才名在外。趙明誠的父親身據高位，也一向與李家友善，明誠本身又傾心向學，很得李清照父親的賞識。於是，兩家長輩眼看著一雙兒女轉眼成人，就想能更加親近，定下了兩人的婚事。開始，李清照並不是十分滿意自己的父親就這樣為自己定下終身，雖然對方是自己家的世交，可是礙於禮教，她終究不知道趙明誠究竟是個什麼樣子，這位博古通今的才女真是心有不甘就這樣嫁人。可是父母之命終究難違，不久，李清照嫁入趙家。

李清照發現自己的丈夫敦厚守禮，是位謙和君子，最重要的是他們兩個有很相似的興趣。比如嗜書如命、對金石有著極為濃厚的興趣等等。夫妻兩個總能在茶餘飯後找到說不盡的話題，或是談論近來看書的心得，或是說說今日書市上新有的書籍。最讓他們興奮的還是在古物舊攤上尋到難得的金石篆刻，或是早已經失傳的篆刻拓片。雖然趙明誠出身官宦世家，他的父親更是朝中重臣，可是他本人卻總是無心仕途，對朝中政務絲毫沒有興趣，和志趣相投的妻子一起談詩論賦、研究金石，要比宦海沉浮更加快樂。

平日只要是得到一本難得的書籍，夫妻倆就會廢寢忘食，一起推敲勘校，再加以整理，最後貼好標籤，歸入他們的收藏中去。要是找到了古畫珍玩，他們就更要一起把玩，仔細欣賞，指正瑕疵，鑑定年代，判斷真偽。往往會秉燭達旦，不知晝夜。就是這樣的琴瑟相合中，李清照和趙明誠度過了兩人最快樂的時光。

後來北宋滅亡，李清照經歷了國破家亡的雙重打擊。就在夫妻逃難南渡後不久，趙明誠不堪旅途勞苦，最重要的是夫妻倆多年的收藏全部毀於戰火，使得他傷心欲絕，終於一病不起，撒手塵寰。只留下李清照時常回憶兩人一起的美好時光。在李清照完成夫妻共著的《金石錄》以後，在其後寫下了一篇情深意重的後序，其中有回憶當年和丈夫一起鬥茶的美好往事。

李清照記憶力很好，他們夫妻吃過飯，回到自己的房中準備煮茶來喝的時候，趙明誠很喜歡做一種遊戲來考考妻子。夫妻倆圍著茶爐，坐在他們長年收集來的堆積如山的書卷前，然後互相提問，一個人先提出一個典故，另一個就要回答這個典故出自哪本書、哪一卷、哪一行。答對了才能喝茶，錯了就只能乖乖受罰，為勝利者煮茶、烹茶了。趙明誠總想問倒妻子，可是博聞強記的李清照幾乎是常勝將軍，每每明誠發問，她都可以又快又準的回答出來。可是趙明誠就沒那麼幸運了，幾個回合下來，他常常會被問得張口結舌，只好自認輸家。看著丈夫窘迫無奈卻又不服的表情，李清照端著丈夫遞過的茶開懷大笑，以致將茶水都灑在自己的懷裡，沒辦法喝了。

這是多美好的閨中行樂圖啊！伉儷情深的融洽情景實在躍然紙上，足可見李清照夫婦平素生活的雅致情趣。

觸類旁通

生活的真相永遠是蒼白底色的平淡，能夠給這平淡塗抹色彩的，才是生命多彩、富有情趣的人生。當你覺得自己的生活開始像沒有滋味的開水蒼白無力的時候，別去尋找更多的理由，那不過是生活還原了它本真的面目，因為你自己沒有力量去維護它的色彩和味道。首先豐富自己的生命，讓自己成為一個多彩多姿的人，那麼生動鮮活的生活肯定會圍繞在你的周圍。哪怕是在旁人看來再微小無趣的事情，你也可以魔術般地賦予它無限的情趣和雅致。

李清照和趙明誠夫婦，不但愛好相近，更懂得在生活中怎樣塗抹自己生活的顏色，所以只不過是飯後的一甌茶，在他們夫婦看來也是可以充滿樂趣的小小遊戲。

李清照典衣買書

北宋女詞人李清照十分愛書，常常得到一本好書就可以不食不眠。她從不像其他的女兒家對胭脂水粉興趣濃厚，反倒每日素面朝天，醉心讀書。李清照出府上街，很少買針線首飾，她最愛去的地方是琉璃廠的書市和舊物市場。那裡不單可以找到最新刊印的書籍，還能偶然發現一些意想不到的珍寶。

這天清明剛過不久，初春的明媚陽光、柳枝初發的新芽，春天的氣息讓人覺得怠惰了一個冬天的心也開始騷動起來。李清照這天的心情也出奇的好，一向不愛衣裝的她，突然想到前幾天母親剛剛命人給自己剪裁了一身春裝，只是自己一直沒有在意，至今還閒置在衣櫃裡沒穿過一次。據說那是用家在江南的姨母特地寄給家裡的最新樣式的絲綢製的，是一襲淡淡鵝黃色的裙衫。李清照把那件衫子找出來，在銅鏡前試穿一下，果然很適合今天的心境。於是她就穿著這件新衣出門踏青了。

可是出門沒多久，李清照就又習慣性的來到了大相國寺的琉璃廠。也許是天氣的緣故，這天在琉璃廠閒逛的人也格外的多。李清照在一個又一個攤位前，仔細翻看著，希望找到自己中意的東西。有趣的東西果真不少，可是早就有了鑑賞經驗的李清照知道，那大多是贗品或是近幾年的物品，貨真價實的珍品還是不易發現。

李清照以賞玩的心思慢慢遊逛，覺得很有意思。她就這樣走到一個不被人注意的小小角落，那裡一位鬚髮皆白的老者，只守著一個包袱皮，上面碼著一摞書。老者看起來風度翩然，並不像普通的商販；更奇怪的是，他並不招徠顧客，像是很安靜的等待著。這引起李清照的好奇心，她走過去，還沒和老者攀談，就先被地上的書給吸引住了。只見書皮上以篆字寫著《古金石考》。天哪！這不是她早就夢寐以求的古書嗎？李清照按捺不住心中的興奮，先拿起一本來翻看。果然就是她久已聞名卻難見廬山真面目的《古金石考》。相傳，這部書流落民間幾乎失傳，沒想到今天竟在這裡能夠見到。李清照雀躍的心情完全表現在臉上。老者捻著鬍子，微微笑著，知道遇到了識貨的人了。

李清照看了好一會兒，越看越著迷，突然才猛醒：這是人家要賣的書。她抬起頭，看見老者笑瞇瞇地看著她，只好不好意思地笑了笑，然後急切地問：「老伯，您這套書可是要賣的？」老者點點頭：「是啊，這是家傳的一部古書，按理講是絕不能賣的。唉！也是小老兒沒用，祖上雖然是詩書世家，到了我這一代，竟然只能做個教書先生。也是時運不濟，家遭變故，實在是沒有可以救急的物件了，只好忍痛將這部書拿來典當啊！」老人說著，聲音哽咽。他頓了一下，接著說：「可是，我還是不忍心就這麼把它送到當鋪，交給那些不知道珍惜的人去糟蹋，所以就在這兒等著，只想等個懂得它的人來，給它個好歸宿！姑娘，看得出你是個懂它的人啊！你要能買了它去，也是了了小老兒的一樁心事。」李清照同情地看著老人，問：「老伯，您需要多少錢來應急？」老者說：「唉！應急至少也得三十兩吧。可是，姑娘你看著給吧，只要能好好保存它，就是少點也沒什麼。」

李清照二話沒說，把自己隨身帶的荷包裡的錢全部倒出來，仔細查點也不過十兩左右——只想出門閒逛，怎麼也不會多帶錢啊。李清照有點著急，她對老者說：「老伯，我今天出門倉促，沒有帶那麼多現錢，你明日可否還在這裡？我一定帶多於三十兩來拿書，好嗎？」老者很是為難地說：「姑娘，不是我不答應你，我已經在這裡等了三天了，才等到你這個有緣人，可是我的盤纏早就用得差不多了，不可能再在這裡住上一晚。更何況我和家人已經說好，今天日落，無論這書賣不賣得出去，都要和他們一起出城回家的。」李清照一聽，急忙抬頭望天，這時已近日暮，就算雇車回家也未必能趕上。

看看老人和他面前的書，李清照突然覺得很是無助，她真的很不想失去這個機會能留下這套書，再幫助一個困頓中的老先生。怎麼辦，怎麼辦？看李清照急成那樣，老者也有些於心不忍，可是時間不等人，他看看時間，只好安慰李清照，說：「姑娘，你也不用太過著急。唉，就當是你和它沒緣吧！也許有一天，你還能再碰上它呢。」李清照聽著老人的話，心裡很不是滋味，不自覺地攥緊了衣角。這一攥讓李清照靈光一現，她立即對老人說：「老伯，您只要再等我一會兒，只一會兒就好！一定要等我啊！」然後轉身就跑，留下不知所以的老人站在那裡。

沒過多久，李清照只穿一件內襯的單衣，跑了回來，手裡拿著銀兩。原來，她把自己的新衣給典當了，換了二十多兩銀子，連同自己原來的十幾兩銀子，一起交到老人手中。老者看著一個年輕姑娘家，竟然為了一套書，不惜當街只穿著單衣薄衫，十分感動。他說什麼也只要三十兩，李清照沒有讓他再推辭：「老伯，您給我的可是無價之寶啊！若是今日我身邊能再有多的銀兩也會傾囊相贈的。您就不用推辭了。」然後，李清照抱起那套寶貴的《古金石考》，心滿意足地回家去了。

觸類旁通

過人的才智，需要付出過人的努力，癡迷專注是得到成功的必要條件。惟此才能不為外物所惑，專心致志達到最後的目的。譬如李清照，一代詞人才情智慧兼備，這和她醉心讀書、讀書成癡有極大的關聯。為書她不惜賣掉新裝，只著單薄的衣衫行走街頭。即便是後來她和丈夫一起，還是對書執著一心，經常為得到一本少見的古書興奮不已，這才有夫婦兩人後來著述的《金石錄》這本極有價值的金石篆刻圖鑑性質的圖書問世。

梅妻鶴子

林逋，字君復，杭州錢塘人，是宋代著名的隱士。他從小失去父母，家境貧寒，有時連飯都吃不上。但他發憤讀書，好學上進，最終成就一代文名。

只不過林逋性情恬淡好古，雖然才高卻不慕名利，他討厭世人阿諛奉承、追逐名利的陋習，於是終身沒有應試科舉。年輕的時候遊歷於江、淮之間，至中晚年歸居杭州，在西湖孤山結廬隱居，二十多年沒有進城。真宗皇帝聞其賢名，賜他粟帛，詔命地方長官須「歲時勞問」。

林逋脾氣很怪，既不娶妻，更不要子，但卻酷愛梅花、仙鶴。他常常四處尋訪，但遇佳奇品種，便用重金購來，置於住所四周。相傳，林逋在山上種了三百六十五棵梅樹。平日除草、施肥，辛勤勞作。待到梅子熟時，就有成群小販前來買他的梅子。他賣梅子不是按斤論兩，而是根據每樹梅子多少毛判斷，估價公道，所以商販們都喜歡買他的梅子；

他還準備三百六十五個竹筒，把每棵樹賣下的錢分另裝入竹筒裡，編上號。不管有客人、無客人，或是客人多、客人少。一天用一竹筒梅子的錢過生活，絕不多用一文。

閒暇之際，他能書善文，尤長於詩賦，他的詩詞澄淡峭特、跌宕迴環，常不待思索，揮毫而就。但他每次寫完，略一吟詠，即隨手撕掉。有人問他：「何不抄錄下來，留給後人呢？」林逋說道：「我在山林壑谷中隱居，現在尚且不想以詩出名，哪還希圖名揚後世呢？」不過，對於梅的偏愛，還是讓他留下了有關梅的傳世名句。「疏影橫斜水清淺，暗香浮動月黃昏」就是他的詠梅名句。

他的另一最大的愛好就是養仙鶴。他養了兩隻白鶴，其中一隻，取名「鳴皋」。每逢客人來訪，林逋不在，童子便開籠放「鳴皋」翔雲報信。詩人見鶴，即回家會客。要是家裡沒有足夠招待客人的飲食，林逋就打個忽哨，白鶴立刻飛來，站在他面前。他把錢和紙條裝在一只袋裡，掛到白鶴頸上，讓白鶴飛往市裡買魚肉酒菜。那些商販見白鶴飛來，知道先生來了客人，就按紙條所開貨物收錢付貨，交白鶴帶回。他一個人的時候，就會和仙鶴們一起玩耍，自得其樂。

林逋如此喜愛梅花仙鶴，人們就說他「梅妻鶴子」（以梅為妻，以鶴為子），看來這並非誇大。後來，他的這個名聲傳播出去，也成為傳世趣聞。

林逋閒居無事時，嘗在茅草屋旁自築墓穴。臨終之前，曾遺詩後人，其中有「茂陵他日求遺稿，猶喜曾不封禪書」之句。自喜一生不為天命君權所苦，隱居生活飄逸自樂。他死後，真宗皇帝還賜號「和靖先生」。至今在孤山北麓，仍立一小亭，人稱「放鶴亭」。這是元朝人為紀念林逋而修造的。亭內置有清朝康熙皇帝臨明朝書法家董其昌寫的《舞鶴賦》。冬末春初，登亭遠眺：各色梅花爭奇鬥豔，競相怒放，蔚然可觀。鑑賞家們認為，孤山放鶴亭一帶，是西湖賞梅勝地，梅花盛世歷千年而不衰，也許是託福於林逋對待「梅妻」的深厚情意吧。

觸類旁通

對於生活情致悠然，幸福快樂，每個人的標準全然不同。因為只有自己最為清楚什麼才是自己想要的幸福。有人喜歡世間沉浮，擁有財富、聲名是他最大的快樂；有人卻性好老莊、淡泊名利，自由自在遨遊天地，自給自足不為世事所困，雖然清寒卻享其自由不羈的快樂。

林逋就屬於後者，而且做得完全徹底，不和塵俗扯上一絲一毫的關涉。悠悠於山林，與「梅妻」伉儷情深，和「鶴子」天倫共樂，自得其樂，情趣卓然。

唐伯虎妙改詩句

明朝大詩人唐伯虎與祝枝山前去遊鸛雀樓。鸛雀樓臨河而建，位於黃河東岸，它與武昌黃鶴樓、洞庭湖畔岳陽樓、南昌滕王閣齊名，被譽為我國古代四大名樓。登上頂摟就可以看到滔滔黃河洶湧東流的恢弘氣勢。

可是年過花甲、身肥體胖的祝枝山剛剛爬上二層，就氣喘吁吁不想向上爬了。唐伯虎遊興正濃，也想鼓勵好友活動一下筋骨，他靈機一動，想起了和這鸛雀樓很有關係的，王之渙的著名詩句。於是，他故意找到臺柱上留下的〈登鸛雀樓〉的名句：「欲窮千里目，更上一層樓。」

祝枝山這時候已經精疲力竭，心中雖然明白唐伯虎的意思，可是身體的疲憊讓他著實沒有心情繼續往上登。於是，他無奈又俏皮地在詩句上加上兩個字，改成：「到此已窮千里目，何必更上一層樓？」

唐伯虎對於祝枝山不好活動還找藉口搪塞，甚為不滿，乾脆再改動幾字，點醒一下祝枝山：「到此已窮千里目，誰知才上一層樓！」

祝枝山心悅誠服，也為好友關心自己感到快慰，一個臺階一個臺階的爬上到頂層。

觸類旁通

親密無間的朋友，相聚一起，傾談閒聊或是相約出遊，間或互相開一下善意的玩笑，無不是為生活增添情趣快樂。尤其是恰當的時間地點，偶爾幽上一默、鼓勵一下、取笑一下，怎會不為朋友之間情意更增添一份生趣？

唐伯虎和祝枝山的一唱一對之間，雖然只是一首名詩的幾字改動，卻情致畢顯，風趣盡得，既使得祝枝山明白唐伯虎的心意，又顯示了兩個摯交好友間的默契。

鄭板橋吟詩送賊

清代書畫家鄭板橋年輕時家裡很窮。雖然他勤學苦練，詩書滿腹、書畫超絕，但是到底因為無名無勢，就算字畫再好，也賣不出什麼好價錢。他儘管是自己一個人住，屬於一人溫飽全家餓不著的單身漢，可是再怎麼辛苦賣字畫，也只能剛剛保全自己的吃穿，家裡什麼值錢的東西都沒有置辦過。

又像往常一樣，鄭板橋忙碌了一天。他把沒賣掉的畫和晚上剛剛畫好的畫都收拾好，準備明天一早起個大早，希望能占到個好些的鋪位。不知不覺間，已經起更了，鄭板橋看已經這麼晚了，就草草收拾好，躺在床上。沒想到，他還沒睡得安穩，就聽見自己簡陋的小屋外竟有窸窸窣窣，人輕輕走動的聲音。他睜開眼睛，就看見窗紙上映出一個鬼鬼祟祟的人影。鄭板橋心裡先是一驚，想：糟了，一定是小偷光臨了！可是轉念一想，連自己也不禁苦笑一下，還同情起小偷來：我家有什麼值得你拿呢？

可是又不能就這麼著放著即將破門而入的樑上君子不管吧。鄭板橋靈機一動，想出一個讓小偷自己明白這家沒什麼好偷的高招來。然後，鄭板橋便高聲吟起詩來：「大風起兮月正昏，有勞君子到寒門！詩書腹內藏千卷，錢串床頭沒半根。」

小偷聽了，就知道今天實在是點兒背，竟然摸到了一個窮酸書生家裡。既然沒什麼好偷的，還是不要節外生枝，他轉身就想溜。

鄭板橋一看這小偷還不是朽木不可雕，還是安安全全地把他給送走好了。自己養著黃狗，最好告訴他，別一個不小心把狗給驚起來，那就麻煩了。他就又念了兩句詩送行：「出戶休驚黃尾犬，越牆莫礙綠花盆。」

可是小偷慌忙越牆逃走，一個不小心把幾塊牆磚碰落地上，還砸到了鄭板橋養的幾株花草。鄭板橋家的黃狗一下子驚覺起來，直叫著，追住小偷就咬。鄭板橋一聽外邊動靜好像不對，急忙披衣出門，喝住黃狗，還把跌倒的小偷扶起來，一直送到大路上，作了個揖，又吟送了兩句詩：「夜深費我披衣送，收拾雄心重作人。」

小偷被鄭板橋的一番舉動弄得無地自容，也忙向鄭板橋作了個揖，匆忙消失在夜幕中了。

觸類旁通

對於想傷害自己的人，仍然可以豁然大度，吟詩作賦加以勸誡，當真是修身養性到了通透的境界。想必再大的風浪，也應該可以平心靜氣的安然度過。鄭板橋面對盜賊，非但不膽怯，反倒好言相勸，風趣之中還有大度和剛正。

翁方綱、劉石庵「一筆為誰」

清代乾隆、嘉慶年間，在北京有兩個潛心書法的書癡，這兩個書法家醉心書法到了迷醉其中的地步。他們一個叫翁方綱，一個叫劉石庵。這兩個書癡雖然都是同道中人，可是在欣賞和研習書法的方式、方法，乃至觀念上，完全不同，甚至是相左的。

翁方綱一生研究書法，最喜歡收集各類有名的碑帖，為此他不惜遊歷全國，只要是有先人墨跡的地方，必定會留下他的足跡。基本上，國內很多碑帖都經過了他的題跋。翁方綱十分講究「筆筆有來歷」，他最佩服虞世南、歐陽詢的書法，對他們的字帖更是精心鑽研、潛心修練，寫起楷書來，處處以虞世南、歐陽詢做典範。他最愛向人說的一個例子，就是當年東晉大書法家王羲之的練字的例子。據說王羲之年輕時練字很用功，幾乎是時時刻刻都在想著怎樣結構運筆，即便是走在路上，也會不自覺地按照先前看過的書帖用手指模畫起來。他有時太過專注，總會在自己的衣袍上劃來劃去，這樣幾個月下來，一件新穿的衣服就讓他給硬生生劃破了。翁方綱總是教導他的徒弟子侄們說：「知道王羲之為什麼會有如此成就嗎？關鍵就在於他那時對各家各體，孜孜不倦，摹練不止啊！你們要想有點成就，就好好臨摹吧！」

劉石庵卻與之完全不同，他並不喜歡固定的臨摹一家、兩家，而是要創造出屬於自己的書體。最終他糅和自己的特點，練就了很有自己獨特風格的書體，他的書體頗具個性，是一種豐腴厚重的書體。劉石庵很是以此為豪，認為自己就算是不成超越古人大家的名家，至少也可以自成一體。就算難以留名於史，至少自己也算別有風格。很巧的是，儘管他和翁方綱意見完全相左，但是他最愛講的一個例子，竟然也是王羲之。據說王羲之一直很醉心於臨摹各家書體，即便是新婚燕爾也沒有忘記時時臨摹，以至於有一次，他在被子上劃著劃著，竟然劃到睡在旁邊的妻子身上。夫人又嗔又怪，覺得自己的丈夫真是練書成癡，就生氣地說：「你怎麼劃到人家身上了呢？自家體呢？難不成沒了？」王羲之一聽到「自家體」，立即坐了起來，頗有感悟，他終於意識到寫字不可以只一味臨摹別人的書體，必須要有自己的風格，創造自己的書體才行。於是此後，王羲之就開始潛心研究各家之長，最終創造出以妍美俊逸著稱的王體。劉石庵總是說：「研習、臨摹前人大家是很有必要，但是練習書法的人最重要的是要有自家的特色風範。」

就因為此，翁方綱和劉石庵總是互相鄙薄。

翁方綱有一個女婿是劉石庵的學生。有一次，這個女婿問起岳父對自己老師書法有怎樣的評價。翁方綱說：「問你師傅哪一筆是古人？」這個女婿不是很明白這話裡的揶揄意味，當真去問老師劉石庵。劉石庵一聽，毫不相讓，告訴學生說：「問你岳翁哪一筆是他自己的？」

其實翁方綱最終也是在虞世南和歐陽詢的影響下有了自己的風格，他和劉石庵都是清代書法界舉足輕重的人物。只是他們不同的修習方法，確實成了長久以來練習書法的人們常常爭論的問題了。

觸類旁通

文人執拗，對於自己認同的風格觀念，往往比較執著；對於不同的觀念往往保有偏見，認為自己的總是最為正確的，還會為了觀念的不同發生風趣可笑的爭執。翁方綱和劉石庵的「一筆為誰」之爭，可以說是這樣的文人之爭的典型。

國家圖書館出版品預行編目（CIP）資料

越古老越美好：原來經營的根本靠的是誠信 / 許汝紘暨編輯企劃小組編著. -- 初版. -- 臺北市：信實文化行銷, 2017.07

面；　公分. -- (What's knowledge)

ISBN 978-986-5767-82-2(平裝)

1.修身 2.通俗作品

192.1　　　　106011288

高談文化 華滋出版 拾筆客 九韵文化 信實文化
CULTUSPEAK PUBLISHING CO., LTD

更多書籍介紹、活動訊息，請上網搜尋 拾筆客

What's Knowledge

越古老越美好：原來經營的根本靠的是誠信

作　　者：許汝紘暨編輯企劃小組　編著
封面設計：陳芷柔
總 編 輯：許汝紘
美術編輯：陳芷柔
編　　輯：孫中文
行　　銷：郭廷溢
發　　行：許麗雪
總　　監：黃可家
出　　版：信實文化行銷有限公司
地　　址：台北市松山區南京東路5段64號8樓之1
電　　話：（02）2749-1282
傳　　真：（02）3393-0564
網　　站：www.cultuspeak.com
讀者信箱：service@cultuspeak.com

印　　刷：上海印刷廠股份有限公司
總 經 銷：聯合發行股份有限公司
香港總經銷：聯合出版有限公司

2017 年 7 月 初版
定價：新台幣 350 元